Eduard Paulus

Erklärung der Peutinger Tafel

Eduard Paulus

Erklärung der Peutinger Tafel

ISBN/EAN: 9783744606417

Hergestellt in Europa, USA, Kanada, Australien, Japan

Cover: Foto ©ninafisch / pixelio.de

Weitere Bücher finden Sie auf **www.hansebooks.com**

Erklärung

der

Peutinger Tafel

mit

besonderer Anwendung derselben auf die Römerstraßen von Windisch (Vindonissa) nach Regensburg (Reginum) und von Pfin (Ad fines) nach Augsburg (Augusta Vindelicorum).

Von

Finanzrath E. Paulus,

ordentliches Mitglied des K. Württemb. statistisch-topographischen Bureau ꝛc. ꝛc.

Conservator des Württ. Alterthums-Vereins, Mitglied des Verwaltungsraths der K. Württ. Sammlungen vaterländischer Denkmale, Mitglied des Gelehrten-Ausschusses des germ. Museums in Nürnberg, corresp. Mitglied der Centralstelle des landw. Vereins in Stuttgart, des archäologischen Instituts in Rom, des Vereins zur Erforschung Rheinischer Geschichte und Alterthümer in Mainz, des Vereins für Mecklenb. Geschichte und Alterthumskunde in Schwerin, des Vereins von Alterthumsfreunden in Bonn, Ehrenmitglied des historischen Vereins für das Württemb. Franken u. s. w.

Mit einer lithographirten Tafel.

Stuttgart.

Verlag von Paul Nef

1866.

Vorwort.

Die Erklärung der Peutinger Tafel (Tabula Peutingeriana) bearbeitete ich für das 11. Jahresheft des Württembergischen Alterthums-Vereins, dem sie beigegeben wurde. Der verehrliche Ausschuß des gedachten Vereins erkannte, daß diese Arbeit einer noch größeren Verbreitung, als es die Grenzen des Vereins erlauben, würdig sei und gestattete mir deßhalb eine besondere Ausgabe meiner Abhandlung bewerkstelligen zu dürfen. Der Gedanke über die Theorie der Peutinger Tafel beschäftigte mich schon viele Jahre; ich übergebe ihn jetzt erst, nachdem mir meine seit vierzig Jahren emsig betriebenen Forschungen ergänzend und bestätigend zur Seite stehen, den Freunden der Alterthumskunde mit der berechtigten Hoffnung, daß meine Arbeit für das Studium der alten Geographie ein willkommener Beitrag sein werde.

Der Verfasser.

Erklärung der Peutinger Tafel.

Die Peutinger Tafel, dieses räthselhafte römische Kartenwerk, das uns, freilich nur in Abschrift, erhalten wurde, hat längst die Aufmerksamkeit der Geschichts- und Alterthumsforscher in hohem Grade in Anspruch genommen.

Wie weit es bis jetzt gelungen ist die Peutinger Tafel zu enträthseln und anzuwenden, soll mit Angabe meiner eigenen Ansicht über die Anlage und die Benützung derselben, die Aufgabe meiner Abhandlung sein.

Die Geschichte der Peutinger Tafel ist kurz folgende: Konrad Celtes erhielt sie, auf welche Weise will ich dahin gestellt sein lassen, aus dem Benediktiner-Kloster zu Tegernsee, wo sie Werinher, der Dichter des Lebens der Maria, zu Tegernsee um's Jahr 1190 verfertigte oder vielmehr kopirte. Das eigentliche Original ist verschwunden.

Celtes übergab die Kopie dem Konrad Peutinger, einem berühmten Gelehrten und Patricier zu Augsburg (geb. 1493, gest. 1547), der sie heraus zu geben beabsichtigte.

Nach dessen Tode verschwand sie längere Zeit, bis endlich Marx Welser im Jahr 1591 Bruchstücke derselben unter dem Titel „Fragmenta tabulae antiquae ex Peutingerorum bibliotheca" zu Venedig bekannt machte.

Erst im 18. Jahrhundert entdeckte man sie vollständig unter Peutingers hinterlassenen Handschriften und nun gab sie 1753 Franz Christoph von Scheyb mit Anmerkungen und Erläuterungen in Folio zu Wien heraus, wohin die ursprüngliche Abschrift in die kaiserliche Bibliothek kam und wo sie sich noch befindet.

Eine neue Ausgabe, ein Facsimile, der ursprünglichen Kopie dieser altrömischen Reisekarte erschien in Leipzig 1824 mit einer Abhandlung von Mannert, von der ein Exemplar zu meiner Benützung vor mir liegt. Weil die Straßenkarte gleichsam durch Peutinger gerettet und erhalten wurde, nannte man sie „Peutinger Tafel".

Die allgemeine Ansicht über die Tafel geht nun dahin, sie für eine römische Straßenkarte zu erklären, auf der die von Rom ausgehenden Hauptstraßen (Consularstraßen) in Linien angegeben sind, an denen die an den Straßen liegenden Orte durch Hacken (Winkel) bezeichnet, und die Ortsnamen nebst dem Entfernungsmaße von einem Römerort zu dem anderen angegeben wurden. Ueberdieß sind die bedeutenderen Gewässer (Meere, größere Landseen, Hauptflüsse) und die namhaftesten Gebirgszüge, letztere jedoch nur im Profil, eingezeichnet.

Die Tafel wurde bis jetzt von allen, die sich näher mit ihr beschäftigt haben, für ein beinahe nicht zu lösendes Räthsel und zugleich für höchst mangelhaft erklärt. Bei der Anwendung derselben trug man daher kein Bedenken, ihr eine Menge Fehler aufzubürden und öfters schlechtweg zu erklären, hier ist das angegebene Maß zu kurz, dort zu lang; an anderen Stellen sollen Römerorte ganz ausgelassen sein, weil Hacken ohne Namen und Zahlen vorkommen ꝛc. Kurz die Tafel wurde nicht selten behandelt als ob sie von Guttapercha wäre, die man beliebig dehnen zu dürfen glaubte. Auch die eingezeichneten Flüsse wurden verschiedenartig angesehen, was der eine für die Donau erklärte, hielt der andere für den Neckar ꝛc.

Wir wollen nun genau prüfen, ob die Tafel wirklich mit so vielen Mängeln angefüllt ist, oder ob nicht vielmehr manches, was ihr angesonnen wurde, in der unrichtigen Beurtheilung und Anwendung derselben wurzelt, wobei wir übrigens die Tafel durchaus nicht als fehlerfrei erklären wollen.

Die Tabula Peutingeriana ist gleichsam ein Straßenstern, dessen Mittelpunkt die große Meilensäule in Rom bildete, von der die Hauptstraßen, wie Strahlen nach allen Richtungen ausgehend, eingezeichnet sind. Hätte man diese sternförmige Anlage, wie wir sie zunächst bei Rom finden, beibehalten und die Straßen nach ihren wirklichen Richtungen einzeichnen wollen, so würde hiedurch eine lästige, großen Raum einnehmende Karte entstanden sein; das wollten aber die praktischen Römer nicht, deshalb stellten sie ihre Straßenzüge nur nach zwei Seiten von dem Straßenstern auslaufend dar und zogen sämtliche Straßen in diese Verlängerung.

Wir finden daher auf der Tafel nur in der nächsten Umgebung von Rom annähernd eine Orientirung der Straßenzüge, in den übrigen Theilen war bei einer derartigen Anordnung eine solche nicht möglich. Ueberdieß ist bei der ganzen Anlage der Tafel ein festgestellter Maßstab nicht angenommen, so daß z. B. Orte, die 5 Millien von einander entfernt liegen, in größeren Abständen von einander gezeichnet sind, als solche, bei denen die Entfernung 20 und mehr Millien beträgt; daher wurden auch die Entfernungszahlen eingeschrieben, was insofern ganz zweckmäßig erscheint, als man hiedurch des Abmessens mit dem Zirkel nach einem gewissen Maßstab überhoben wurde.

An den in die Länge gezogenen, neben einander hinlaufenden Straßenlinien sind nun auf der Tafel beinahe regelmäßig an jeder angeschriebenen Station Hacken angebracht, so daß die Straßenlinien staffelförmig gebrochen sich darstellen; bedeutendere Orte sind mit Gebäudezeichen angedeutet, die je nach ihrer Bestimmung größere oder kleinere Bezeichnungen erhielten, z. B. Bäder als ansehnliche Gebäude, die einen quadratischen Hofraum einschließen, am häufigsten kommen zwei neben einander stehende, mit den Giebelseiten gegen vorn gekehrte Häuschen vor.

Was nun die an den Straßenlinien angewendete Treppenmanier betrifft, so war ich nie der Ansicht, daß die Stufen (Hacken) Ortspunkte andeuten sollen, denn wenn man mit denselben blos Ortspunkte andeuten wollte, zu was alsdann diese unschönen, die Zeichnung erschwerenden Treppen, deren vermeintliche Bestimmung mit irgend einem einfachen Zeichen, etwa einem kleinen Kreis oder einem senkrecht durch die Straßenlinie gezogenen Strich hätte bezeichnet werden können. Jedenfalls würden gleich große Hacken diesen Zweck vollständig erfüllt haben; wir sehen aber auf der Tafel die verschiedenartigsten Hacken (Winkel) groß, klein, spitz, stumpf, rechtwinkelig 2c.

Schon im Jahr 1835, als ich das erstemal eine Abhandlung über den römischen Straßenzug von Vindonissa nach Reginum in den Württemb. Jahrbüchern Jahrg. 1835. Heft II. S. 367 ff. der Oeffentlichkeit übergab, habe ich an diesen verschiedenartigen Hacken gestrauchelt und damals die Ansicht ausgesprochen, die Größe der Hacken bezeichne die größere oder kleinere Krümmungen, welche die Römerstraße von einem Ort zu dem anderen des Terrains wegen mache.

Bald hat mir diese Erklärung selbst nicht mehr genügen wollen, ich sann und prüfte weiter, bis ich auf den angenehmen Standpunkt kam, mich jetzt selbst widerlegen und verbessern zu dürfen.

Leider geschieht dieß nicht immer von Seiten der Herren Autoren, die gerne eine einmal ausgesprochene Ansicht, um sich, wie sie meinen, keine Blöße zu geben, beharrlich fest halten, auch wenn sie bereits eine andere Ueberzeugung gewonnen haben. Hierin ist vor allem der Grund zu suchen, warum die Wissenschaft so langsam vorwärts schreitet.

Also ich habe mich damals geirrt, jedoch bin ich der Sache in sofern etwas näher gerückt als die andern, indem ich den auf der Tafel angebrachten Hacken eine andere Bedeutung als die eines Ortszeichens beilegte.

Meine jetzige Ansicht ist: die Hacken bezeichnen die größeren oder kleineren Terrainschwierigkeiten von einem Römerort zu dem andern; die auf der Peutinger Tafel angegebenen Straßenlinien sind von vertikaler Projektion und demnach als unvollständige Straßenprofile zu betrachten.

Die Sache ist so einfach, daß ich sie mit dem Ei des Columbus vergleichen möchte, und nur weil wir zu sehr an horizontal projicirte Karten gewöhnt sind, ist es erklärlich, warum man dieser sinnreichen Anlage der Tafel so lange nicht auf die Spur kam.

Ich sage sinnreich, ja gewiß sehr sinnreich, denn hier ist mit den geringsten Mitteln das erreicht, um was es den Römern hauptsächlich zu thun war, nämlich um die Terrainverhältnisse und um die Entfernung von einem Ort zum andern. Diese beiden Momente zeigt die Tafel, indem die Entfernungen in Zahlen ausgedrückt, und die Terrainverhältnisse im allgemeinen mittelst der verschiedenen Hacken angedeutet sind. Wenn z. B. eine zwei Römerorte verbindende Straße im flachen Land fortzieht, so ist dieß auf der Tafel entweder mit gar keinem oder mit einem nur unbedeutenden Hacken bezeichnet, führt sie aber über namhafte Bergrücken oder durch tief eingeschnittene Thäler, dann ist der Hacken beträchtlich; zuweilen wenn sie über zwei bedeutende Thäler zieht, sind sogar zwei Hacken angegeben, ebenso kommen bei Pässen über größere Gebirge mehrere sehr bedeutende Hacken vor ꝛc. (hierüber das nähere unten).

Da nun zwischen je zwei Römerorten meist einige Terrainschwierigkeiten vorkommen, so mußte beinahe jede Straße von einem Ort zum andern eine Treppe erhalten, was zu der irrigen Ansicht, die Hacken bedeuten Ortspunkte, Veranlassung gab; gegen letzteres spricht aber neben anderen Umständen hauptsächlich, daß auch an Orten, die durch Gebäude als solche bezeichnet sind, dennoch die Hacken nicht außer Acht gelassen wurden, indem die Straßenlinie sich an den angezeichneten Gebäuden bricht, nämlich die Linie in der Richtung wie sie auf der einen Seite an das Gebäudezeichen heranzieht, nicht in horizontaler Verlängerung auf der andern Seite desselben fortzieht, und hiedurch den das Terrain bezeichnenden Hacken angiebt.

Außer den Hacken ersehen wir aus der Tafel, daß einzelne Straßenlinien theils aufsteigen, theils sich senken oder horizontal fortziehen; eine Bezeichnung, die überflüssig gewesen wäre, wenn man an den Straßenlinien nur die Orte (mittelst Hacken) hätte andeuten wollen, denn in diesem Fall würde eine horizontal gezeichnete Linie ausgereicht haben. Auch hiedurch wurden die Terrainverhältnisse einigermaßen angedeutet. Indessen läßt sich diese Bezeichnung nur bei lange hinziehenden Straßenlinien in Betracht ziehen; bei Straßen die sich mit einander verbinden, oder von einander abgehen, ist es selbstverständlich, daß sie sich nahe dem Vereinigungspunkt auf- oder abwärts ziehen müssen und in solchen Fällen bezeichnen dann nur die angegebenen Stufen die allgemeine Beschaffenheit des Terrains.

Es scheint, daß die ursprüngliche Grundanlage der Tafel sich nur auf diese profilirten Straßenlinien und vielleicht auf die Profile der Hauptgebirge beschränkt hat; später mag die Einzeichnung der Gewässer hinzugekommen sein. Sollte aber auch die letztere gleich bei dem ersten Entwurf der Tafel ausgeführt worden sein, so liegt hierin immer etwas widersinniges, indem man ein horizontal projicirtes Gewässernetz einer in die Länge gezogenen vertikal projicirten Straßenkarte anpassen wollte, was ein durchaus unrichtiges Bild geben mußte und hauptsächlich dazu beitrug, die Karte räthselhaft zu machen.

Diese Gewässereinzeichnung ist offenbar die schwächste Seite der Tafel und leider bis jetzt von vielen mehr beachtet worden als ihr gebührt. Es ist daher durchaus nothwendig, daß wir uns von der gewöhnlichen Anschauung unserer horizontal projicirten Karten gänzlich lossagen und in das verzerrte Bild der Tafel hineinleben, um nicht von derselben irre geführt zu werden.

Ich will nun meine aufgestellte Theorie, daß die verschiedenen Treppen (Hacken), welche auf der Tafel an den Straßenlinien angebracht sind, die Verschiedenheit der Terrainbeschaffenheit bezeichnen und somit die Straßenlinien als unvollständige Terrainprofile betrachtet werden müssen, durch einige auffallende Beispiele näher zu beleuchten suchen, und zwar:

1. Auf dem Segment II. der Tafel; von **Brigantione** *) über in **alpo cottia** nach **Lacrone** enthält die Tafel einen Bogen und zugleich eine sehr starke Treppe, wodurch sie den Uebergang über die kottischen Alpen auf dem Wege nach **Augusta Taurinorum** deutlich angiebt.

2. Auf demselben Segment sind die Terrainverhältnisse, welche die Straße von **Antipoli** über das Varus=Thal und das Joch der Seealpen nach **Albentimillo** zu überschreiten hat, auf der Tafel entschieden angedeutet, indem diese einen Hacken ab= und einen aufwärts (über das Varus=Thal) und weiter hin einen auffallend großen Hacken (über die Seealpen) zeigt.

3. Ebenfalls auf dem Segment II. enthält die Tafel von **Vadis Sobates** nach **Crixia** eine starke Treppe aufwärts und eine starke Treppe abwärts und giebt hiedurch sehr augenfällig den Uebergang über den Apennin an.

---

*) Die Ortsnamen werde ich gerade so, wie sie die Tafel giebt, beibehalten.

4. Segment III. Von Lune nach in Alpe pennino ist der Aufgang auf den Apennin mittelst einer bedeutenden Treppe unverkennbar bezeichnet.

5. Segment V. Von Rom führt die via latina beinahe eben bis Ferentinum und die Tafel zeigt uns hier nur einen unbedeutenden Hacken, während sie von Ferentinum bis ad Flexum sehr namhafte Treppen enthält, welche hier die Terrainverhältnisse des Uebergangs über die Abruzzen andeuten.

6. Segment VI. Von Capua bis Benevento führt die Straßenlinie anfangs in der Ebene von Capua, in welcher das ohne Hacken angegebene Calatie liegt, weiterhin über die Kaudinischen Pässe, die bei Ad novas und Caudio durch zwei namhafte Treppen angedeutet sind; von Benevento weiter über die Abruzzen nach Venusie enthält die Tafel bedeutende Treppen bei Subromula, Aquilonia, Ponte Aufidi, welche die hier vorkommenden Terrainschwierigkeiten nachweisen.

So ließen sich noch viele treffende Beispiele anführen, die klar nachweisen, daß sich die Treppen der Tafel an Stellen, wo namhafte Terrainschwierigkeiten vorkommen, durch ihre Größe bemerklich machen, während in ebenen Gegenden die Treppen entweder ganz fehlen oder nur von geringer Bedeutung sind, z. B. in Ober-Italien, Segment II. von Segusio über Finibus nach Augusta Taurinorum; Segment III. von Verona nach Hostilia; in Mittel-Italien Segment IV. von Centum cellis über Castrum novum nach Aquas Apollinaris etc.

Was hier in einzelnen auffallenden Beispielen gezeigt wurde, läßt sich auf die ganze Tafel anwenden, vorausgesetzt an Stellen, wo sie richtig gezeichnet ist, allein schon bei der ersten Anlage der Tafel und später beim Kopiren derselben mögen sich manche Fehler eingeschlichen haben, insbesondere werden es die Abzeichner der Tafel mit der Treppenzeichnung zuweilen nicht so genau genommen haben, weil sie vermuthlich die große Bedeutung derselben nicht mehr verstanden. Allein dieß berechtigt uns nicht, die Tafel im allgemeinen als unrichtig zu erklären und sie willkürlich anzuwenden, um sie mit unseren vorgefaßten Ansichten in Uebereinstimmung zu bringen.

Erst wenn an einzelnen Stellen sämtliche Momente der Tafel von einem bekannten Römerort zu dem andern mit der Wirklichkeit nicht übereinstimmen, dann erst sind wir berechtigt, sie da oder dort als mangelhaft zu erklären, nicht aber wenn sie mit unseren vorgefaßten, öfters irrigen Ansichten nicht zusammen stimmen wollen.

Um aber die Zeichnung der Tafel über irgend einen Landstrich gehörig prüfen zu können, müssen wir vor allen Dingen das betreffende Land genau untersuchen und die römischen Straßen, wie auch die abgegangenen Römerorte erforschen. Gestützt auf die Ergebnisse derartiger Forschungen sind alsdann die bedeutendsten Straßen und die an denselben gelegenen Niederlassungen, namentlich solche, an denen sich wichtige Straßenknoten entwickeln, aufzusuchen und alsdann die Tafel nach den auf ihr angebrachten Entfernungszahlen und den eingezeichneten Treppen mit der Wirklichkeit zu vergleichen, wobei hauptsächlich auf die Terrainverhältnisse zwischen den verschiedenen Römerorten Rücksicht genommen werden muß.

Wir haben aber die Terrainverhältnisse zwischen den verschiedenen Römerorten nicht allein wegen der Treppenzeichnung, sondern auch wegen der Entfernungen zu untersuchen, indem letztere nicht nach horizontaler Ausdehnung wie auf unseren gegenwärtigen Karten, sondern nach wirklichen Schritten, die man von einem Ort zum andern zu machen hatte, auf der Tafel in Zahlen ausgedrückt sind. Wenn daher eine Straße zwischen zwei Römerorten ein Gebirge oder einen Höhenzug überschreitet, so wird das auf der Tafel angegebene Entfernungsmaß, wenn wir es unseren Karten anpassen wollten, stets zu groß sein, da bekanntlich mehr Schritte bergauf und bergab nöthig sind als auf ebenem Wege.

Auch hierin bekunden sich die Römer als tüchtige Praktiker, indem sie nicht die horizontalen Entfernungen nach Schritten, sondern die Zahl der Schritte, wie viel solcher nöthig waren, um von einem Ort zu dem andern zu gelangen, angaben. Die Tafel zeigte ihnen demnach auf die einfachste sinnigste Weise die genauen Entfernungen nach Schritten von einem Ort zum andern und die allgemeine Beschaffenheit des zu überschreitenden Terrains.

Ich gehe nun zu den auf der Tafel verzeichneten Gewässern und Gebirgen über, ehe ich mich aber über diese ausführlicher ausspreche, wird es nicht unangemessen sein, die ursprünglichen Zwecke, die Grundidee der Tafel noch einmal kurz zu wiederholen.

Die Tafel stellt die römischen Hauptstraßen in unvollständigen Profilen (Treppenzeichnungen) dar, welche von Rom ausgehen und zu beiden Seiten der Stadt, mit Ausnahme der nächsten Umgebung, ohne Rücksicht auf Orientirung auf schmalen Streifen in die Länge gezogen sind, so daß sie als beinahe neben einander laufende Straßenprofile betrachtet werden dürfen. Eine Ausnahme machen Straßen, welche von einer Straße in eine andere hinüber führen.

Auf gleiche Weise ist das Gewässernetz behandelt; die Meere und bedeutenderen Flüsse, die in der Wirklichkeit nach allen Richtungen hinziehen, sind auf der Tafel in die Länge gezogen und zwischen die Straßenprofillinien hineingezwängt. Eine derartige Gewässereinzeichnung, die sich einigermaßen einer Horizontalprojektion nähert, kann unmöglich richtig sein und muß, be=

sonders wenn wir sie wie unsere gegenwärtigen Karten betrachten, zu unzähligen Verwirrungen veranlassen.

Wollen wir daher die Peutinger Tafel verstehen, so müssen wir uns, wie schon oben angedeutet wurde, von unseren gegenwärtigen Kartenbegriffen, nach denen die Tafel als ein monströses Zerrbild erscheint, gänzlich lossagen, was bis jetzt noch keiner von den Vielen, die sich mit der Tafel beschäftigten, über sich vermocht hat; daher die große Meinungsverschiedenheit über die Tafel und die widersprechendsten Auslegungen und Anwendungen derselben, bei denen die Gewässer häufig die Hauptrolle spielen, obgleich diese nach der Natur der Sache geradezu die schwächste und unrichtigste Partie der Tafel bilden. Einige Beispiele mögen dieß näher beleuchten: auf dem Segment II. der Tafel bildet der Fluß Varum ein Delta, welches in der Wirklichkeit nicht vorhanden ist. Segment III. Der Rhein fließt bekanntlich zwischen Arbon (Arbor felix) und Bregenz (Brigantio) in den Bodensee; die Tafel aber läßt ihn weit oberhalb Bregenz in den Bodensee fließen, überdieß liegen die beiden unzweifelhaften Römerorte hart am Bodensee, nach der Tafel aber ziemlich entfernt von demselben, dagegen treten die ferne gelegenen Römerorte Juliomago, Brigobanne etc. ganz nahe an den See. Hier ist die Unrichtigkeit der Gewässerzeichnung sehr auffallend. Auf demselben Segment entspringt die Donau aus einem Gebirgsarm der Alpen, während sie in Wirklichkeit im Schwarzwald entspringt, der auf der Tafel selbst als Silva martiana angegeben ist; auch ist ihr Ursprung östlich statt nordwestlich vom Bodensee angegeben. Auf dem Segment IV. sind die Flüsse Pallia und Armenita als Ein Fluß angegeben, der vom Tiber ab in das Meer fließt und somit ist die Wasserscheide zwischen beiden Flüssen nicht beachtet worden. Auf demselben Segment geht der Fluß Brintesia von dem Fluß Padus ab und fließt bei Maria in das adriatische Meer, während doch in der Wirklichkeit die beiden Flüsse nie einander treffen. Der Arno ist gar nicht angegeben, auch fehlen auf den Segmenten II.—V. sämtliche Flüsse in Afrika ꝛc.

Diese Beispiele mögen genügen die unrichtige Gewässereinzeichnung nachzuweisen, welche nach der ganzen Anlage der Tafel kaum der Wahrheit annähernd gegeben werden konnten.

Der gleiche Fall tritt bei der Einzeichnung der größeren Gebirgszüge ein; diese mußten, wie die Gewässer, in das in die Länge gezogene Straßennetz ebenfalls lang gedehnt eingezwungen werden und dienen daher nur im äußersten Fall zu einer ganz oberflächlichen Orientirung, viel häufiger aber zum Mißverständniß der Tafel. Nun sind überdieß die Gebirge nur als Profile angegeben und haben daher keine horizontale Ausdehnung und so kommt es, daß Orte, die mitten im Gebirge liegen, weit von demselben zu stehen komnien, z. B. **Curia** (Chur) das mitten in den Schweizer-Alpen liegt, ferne vom Gebirg eingezeichnet ist, in welchem nach der Tafel der Rhein entspringt. So ließen sich noch eine Unzahl Beispiele anführen, die jedoch meine Arbeit nur in die Länge ziehen und immer nur dasselbe Ergebniß liefern würden.

Eines ist mir bei der Zeichnung der Gebirge besonders aufgefallen, nämlich die verschiedene Art der Schraffirung derselben, indem sie theils mit senkrechten vollen Linien, theils mit schräge gelegten punktirten Linien, theils mit schrägen vollen Linien, auf die kleine senkrechte zu stehen kommen, oder nur punktirt bezeichnet sind.

Diese Bezeichnungsweisen, welche öfters an ein und demselben Gebirge plötzlich ändern, haben gewiß ihre besondere Bedeutung und dürfen nicht als eine Spielerei betrachtet werden, dazu waren die Römer zu praktisch. Wollten sie vielleicht gar die herrschende Gebirgsformation, oder die Bedeutung des Gebirgs hiemit bezeichnen? Wenn ersteres der Fall wäre, so hätten wir in der Tafel die älteste geognostische Karte, allerdings nur in ihrer unmündigsten Kindheit vor uns; ich kann mich hiefür nicht bestimmt aussprechen, da mir nähere geognostische Notizen fehlen; wenn ich aber die Bezeichnungen nach Gegenden, die mir in geognostischer Beziehung bekannt sind, auslegen wollte, so würden allenfalls die senkrecht schraffirten Gebirgsprofile Sandsteingebirge, die in schräger Linie punktirten Kalkgebirge, die nur punktirten vulkanische Gebirge ꝛc. bezeichnen. Dieß sind jedoch Vermuthungen, die nur dazu dienen sollen andere aufzumuntern, dieser an sich unscheinbaren Sache ihre Aufmerksamkeit zu widmen. Jedenfalls war es für die Römer von großer Bedeutung zu wissen, aus welchen Gesteinsarten dieses oder jenes Gebirge besteht, das hatten sie als praktische Baumeister, namentlich bei Anlagen von Straßen zu wissen nöthig.

Nachdem ich nun die Theorie der Peutinger Tafel im allgemeinen besprochen habe, will ich dieselbe auf zwei in der Tafel verzeichnete Straßenlinien (Straßenprofile) anwenden. Ich wähle die Straßen von **Vindonissa** (Windisch) nach **Reginum** (Regensburg) und von **Ad fines** (Pfin) nach **Augusta Vindelicorum** (Augsburg), über deren Zug die widersprechendsten Ansichten bestehen und deren Feststellung den Alterthumsforschern schon so viele Mühe und Zeit gekostet hat.

Ich wähle diese Straßenlinien, weil mir die Gegenden, durch welche sie ihren Zug haben mußten, genau bekannt sind, viel genauer als jedem anderen meiner Vorgänger, was ich ohne unbescheiden zu erscheinen behaupten darf, denn sie berührt hauptsächlich mein engeres Vaterland, Württemberg, dessen römische Ueberreste, namentlich die Straßenzüge ich seit 40 Jahren unermüdet durchforscht und zur richtigeren Einsicht eine Karte über die römischen Ueberreste in Württemberg und dessen nächsten Grenzgegenden entworfen habe.

Diese Karte, welche unter dem Titel „General-Karte von Württemberg in 4 Blätter im Maaßstab 1 : 200,000 mit archäologischer Darstellung der römischen, altgermanischen (keltischen) Ueberreste von E. Paulus, ordentliches Mitglied des K. statistisch-topographischen Bureau. Stuttgart 1859" erschienen ist, enthält außer den altgermanischen Grabhügeln und den späteren Reihengräbern gegen 400 römische, meist von mir selbst entdeckte Wohnplätze und ein vollständiges römisches Straßennetz.

Seit dieser Zeit habe ich meine Forschungen fortgesetzt und die Karte vielfältig bereichert, so daß es wohl kein Land geben wird, das eine ähnliche vollständige Arbeit aufzuweisen hätte.

Was ich hier anführe, geschieht nicht um mich zu rühmen, sondern um nachzuweisen, daß ich berufen bin, ein sicheres Urtheil in dieser Streitfrage abzugeben, wenigstens sicherer, als solche, die nur oberflächliche Kenntnisse über die Reste der römischen Vorzeit in Württemberg haben, oder das Land flüchtig durchreisten und dann über einen so schwierigen räthselhaften Gegenstand eine Ansicht aufstellten.

Bei der Straßenlinie von Vindonissa nach Reginum, die ich näher beleuchten will, sind es hauptsächlich die Anfangs- und Endpunkte, welche als entschieden festgestellt angenommen werden, worüber kein Zweifel mehr obwaltet; es ist dieß Windisch (Vindonissa) in der Schweiz und Regensburg (Reginum) an der Donau im Königreich Bayern. Wohin sich die Straße bewegte um diese beiden Punkte zu verbinden und wohin die an den Straßenlinien angeschriebenen Zwischenstationen fallen, ist das Räthsel, dessen Lösung ich mir zur Aufgabe gestellt habe.

Nun entsteht zuerst die Hauptfrage, ist die Straße von Windisch nach Regensburg auf der rechten oder auf der linken Seite der Donau hingezogen, eine Frage, welche den Alterthumsforscher der neueren Zeit schon viel zu schaffen machte und zu den verschiedensten Beantwortungen Veranlassung gab. Indessen haben sich die meisten der Neuzeit für die linke Seite entschieden.

Hier hätte ich Gelegenheit meine Abhandlung in die Länge und die Breite auszudehnen, wenn ich all diese verschiedenen Ansichten mit ihren Autoren aufführen und jede besonders besprechen wollte, allein hievon bin ich, wie längst bekannt, kein Freund.

Ich nehme sie daher zusammen und beschränke mich nur auf die Namensaufführung derjenigen Alterthumsforscher, welche ihren Weg von Vindonissa nach Reginum auf der rechten Seite der Donau genommen haben, sie sind Cluverius, Mannert, Wilhelm, v. Raumann, Oken, Schmidt u. a.

Welche verschiedene Wege die genannten Forscher einschlugen und wie verschieden und beliebig sie die auf der Tafel angegebenen Römerorte anpaßten, hat schon Leichtlin in seinem „Schwaben unter den Römern, Freiburg 1825" genügend nachgewiesen und mir bleibt nur noch im allgemeinen der Nachweis, daß die Straße auf die linke Seite zog, übrig.

Was hauptsächlich die angeführten Schriftsteller auf die rechte Seite der Donau leitete, ist die Zeichnung der Tafel, auf der die Consularstraße von Windisch nach Regensburg wirklich auf der rechten Seite der Donau eingezeichnet ist. Alle übrigen Momente der Tafel wollen nicht zutreffen (s. das angehängte Segment III. der Tafel). Wie wenig Werth die Gewässereinzeichnung hat, ist genügend nachgewiesen worden und bedarf keiner weiteren Erklärung mehr.

Der Zeichner der Tafel ist hier der allgemeinen Annahme, daß der Rhein und die Donau die äußerste Grenze der römischen Provinzen bilden, gefolgt und zeichnete nach dieser die beiden Flüsse ein.

Abgesehen davon was uns die alten Geschichtschreiber wie Tacitus, Orosius u. a. von der eigentlichen Grenze der römischen Provinzen, dem Pfahlhag überlieferten, so wurde dieser nach neueren Forschungen genau aufgefunden und überhaupt das römische Zehentland zwischen dem Rhein und dem Grenzwall, als eine reich bevölkerte römische Provinz von großer Bedeutung entschieden festgestellt. Warum sollte nun durch diesen fruchtbaren Landstrich nördlich der Donau und östlich des Rheins nicht auch eine römische Consularstraße geführt haben, durch eine römische Provinz, die offenbar zu den gesegnetsten gehörte und die schon wegen der nahe ziehenden Grenze mehr als jede andere mit militärischen Kräften besetzt und vertheidigt werden mußte.

Diese bedeutende militärische Besatzung machte auch eine große bürgerliche Bevölkerung und Ansiedlung nöthig, die durch Feldbau und Gewerbe die römische Legionen zu befriedigen im Stande war. Daher auch diese Menge von römischen Wohnplätzen und das vielverzweigte Straßennetz im römischen Zehentland. Einen Anhaltspunkt, wie zahlreich die röm. Wohnplätze in dem röm. Zehentland waren, wird wohl der Antheil den Württemberg an demselben nimmt, liefern, in welchem bis jetzt über 400 römische Niederlassungen von verschiedener Ausdehnung nachgewiesen werden können. Wie viele mag die emsige Kultur im Lauf von beinahe 2000 Jahren in einem so fruchtbaren Landstrich verwischt haben und wie viele werden später noch entdeckt werden!

Durch diese wichtige römische Provinz soll nun keine römische Hauptstraße, welche auf der Tafel verzeichnet wurde, geführt haben, während nach der Annahme derjenigen, welche die Straße auf die rechte Seite der Donau verlegen, eine minder bedeutende Straße angegeben sein soll, die durch eine weniger fruchtbare, an röm. Wohnplätzen viel ärmere Gegend längs der Donau hinzog.

Wie es sich mit der an der rechten Seite der Donau hinziehenden Römerstraße, welche indessen auf große Strecke noch gar nicht bestimmt nachgewiesen werden kann, verhält, soll hier noch kurz erwähnt werden.

Angenommen, daß wirklich eine römische Straße von Vindonissa nach Reginum auf der rechten Seite der Donau hinzog, was ich nicht bezweifeln will, so würde das auf der Tafel angegebene Maaß 259, auch wenn man nur mit römischen Millien rechnen wollte, zu groß sein.

Wir sind übrigens nicht berechtigt, mit Millien zu rechnen, sondern müssen wenigstens auf eine größere Strecke das Leugenmaaß (1 $^1/_2$ Millien) anwenden, was alsdann noch weniger für die Entfernungen von Windisch nach Regensburg passen und sich weit über letztern Ort hinaus erstrecken würde.

Das Leugenmaß finden wir am Bodensee von Pfinn (Ad fines) über Arbon (Arbor felix) Bregenz (Brigantio) u. s. w. bis nach Augsburg (Augusta Vindelicorum) angewendet, was ich später näher nachweisen werde, warum soll dasselbe nicht auch von Vindonissa längs der Donau gebraucht worden sein?

Nun geht nach der Tafel bei Ad lunam ein Straßenarm mit der Zahl 40 nach Pomone ab, der weiterhin nach Augusta Vindelicorum weist.

Rechnen wir von Vindonissa nur mit Millien auf der Donaustraße fort, so bringt uns die Zahl der bis Ad lunam angesetzten Millien (117) bis nach Lauingen, von diesen aber bringen uns 40 Millien bis Augsburg, während sie uns blos zur Station Pomone bringen sollte, was entschieden gegen die Annahme, die Straße sei auf der rechten Seite der Donau gezogen, spricht.

Endlich dürfen wir die von Ptolomäus mit so vieler Bestimmtheit am rechten Ufer der Donau, von deren Ursprung bis in die Gegend der Iller angesetzten Römerstädte Bragodurum, Dracuina, Viana, Phäniana, welche wohl nirgends anders als an der Donaustraße zu suchen sind, nicht außer Augen lassen.

Pragodurum vermuthe ich in Mengen, das wichtige römische Alterthümer aufzuweisen hat, Dracuina in dem an römischen Alterthümern, namentlich an Denksteinen reichen Nißtissen, Viaca glaube ich in Steinberg an der Weihung aufgefunden zu haben. Zunächst (nördlich) dieses Orts entdeckte ich auf der sog. Weinhalde, eine Stelle, wo wegen der klimatischen Verhältnisse nie Wein gebaut werden konnte, eine ausgedehnte römische Niederlassung mit sehr namhaften Grundresten, Estrichböden, Souterrains zu denen steinerne Treppen führten 2c.

Auf der ganzen Fläche, auf der nach der Sage eine Stadt gestanden sein soll, kommen immer römische Ziegel, Bruchstücke von Heizröhren, Amphoren und Gefässe aller Art, worunter von Siegelerde, zu Tage, die einen hier gestandenen Römerort außer allen Zweifel setzen. Hiezu kommt noch die Namensähnlichkeit Weinhalde und das zunächst fließende Flüßchen Weihung; ferner liegt Altheim, wo man ebenfalls römische Alterthümer fand, ganz nahe, so daß wir sicher auf eine ausgedehnte Ansiedlung der Römer in dieser Gegend schließen dürfen.

Die hier angeführten Orte Mengen, Rißtissen, Altheim (Steinberg) liegen zunächst der römischen Donaustraße, die größtentheils noch gut erhalten ist und von mir selbst begangen und theilweise aufgesucht wurde. Sie lief von Altheim weiter nach Unter-Kirchberg, wo sie unterhalb des Orts über die Iller führte.

Gerade an der Uebergangsstelle auf der linken Seite der Iller entdeckte ich einen römischen Wohnplatz, dessen Raum gegen den Fluß hin terrassenförmig abgestuft ist, so daß man hier eine Art Brückenkopf vermuthen könnte. Auf der Stelle findet man Grundreste römischer Gebäude, römische Münzen, Fragmente von Ziegeln, Gefäßen ꝛc.

Jenseits des Flusses setzt die Straße schnurgerade fort nach Finningen im Königreich Bayern, das schon der um die Alterthumskunde hochverdiente Regierungsdirektor v. Raiser als das römische Phäniana erkannte; von hier lief die Straße über Steinheim nach Straß, das seinen Namen von der römischen Straße erhielt, und weiter nach Günzburg, wo man ohne Bedenken das römische Guntia mit seinem Transitus ansetzen darf.

Weiterhin vollends bis nach Regensburg kenne ich die Straße nicht.

Von all' diesen Ortsnamen und den weiteren, welche das Itinerar und die Notitia Dignitatum bis Abusena enthalten, kommt nicht ein einziger auf der in der Peutinger Tafel verzeichneten Straße von Vindonissa nach Reginum vor, wodurch hinlänglich bestätigt wird, daß die auf der Tafel angegebene Straße eine andere Richtung hatte, als die unrichtig angenommene auf der rechten Seite der Donau.

Ich denke schon die angeführten Gründe sollten genügen von der Donaustraße abzusehen, weit mehr aber noch die richtige Angabe des eigentlichen Zugs der auf der Peutinger Tafel verzeichneten Straße, was ich mir nun zur Aufgabe machen will.

Längst schon haben ausgezeichnete Forscher auf dem Gebiete der Alterthumskunde der Straße auf der rechten Seite der Donau mißtraut und den Weg von Vindonissa nach Reginum nördlich der Donau gesucht; von ihnen war es der bayerische Geschichtsforscher von Westenrieder, der zuerst die Vermuthung aussprach, daß die Reihe der auf der Tafel verzeichneten Römerorte von Vindonissa nach Reginum in einer ganz andern Gegend, nämlich am nördlichen Grenzwall zu suchen sei.

Dieser Andeutung folgte der hochverdiente Alterthumsforscher, der bayerische Staatsrath v. Stichaner, und zog zuerst einen kühnen Bogen durch das Herz des nördlich der Donau sich ausdehnenden römischen Zehentlandes (agri decumates); ihm schlossen sich an Graf von Reisach, von Raiser, Buchner, Reinhard, Leichtlin, v. Pauly u. a. jedoch die verschiedensten, zum Theil widersinnige Wege einschlagend.

Allen fehlte noch die Hauptsache, nämlich ein tüchtig erforschtes Straßennetz und die römischen Niederlassungen, welche an demselben sich lagerten. Somit war es bei den meisten ein Suchen im Nebel und ein Haschen nach Namensähnlichkeiten, wie sich denn z. B. Buchner nach Lonsee auf die rauhe Alp verirrte um dort Ad lunam anzubringen.

Nur von Stichaner, der von Regensburg ausging, gelang es in Itzing das römische Icinacum festzustellen, in Bopfingen Opie, in Aalen Aquileja bei Pfahlbronn Ad lunam zu vermuthen. Von hier an wird sein Weg unsicher und er weiß nicht ob er Clarenna bei Köngen oder in Canstatt unterbringen soll; für letzteres entschied sich mit sicherm Takt v. Raiser. Sumlocenne setzte er in Sulz an u. s. w. Aber immer war der verdächtige namenlose Hacken zwischen Ad lunam und Clarenna ein Stein des Anstoßes und Niemand wußte ihn zurecht zu legen, indem die Ansicht, daß dort ein Römerort fehle, die allgemeine war und bis heute noch ist.

Der scharfsinnige gelehrte badische Archivar Leichtlin, der von Vindonissa ausging, war der erste, welcher in Rottenburg Sumlocenne ahnte, eine Vermuthung, die später durch die rastlosen Forschungen des Domdekan von Jaumann in Rottenburg so glänzend in Erfüllung ging.

Wie aber Leichtlin die übrigen Römerorte auf dem Weg von Vindonissa bis Sumlocenne anpaßte und wie er die auf der Tafel angegebenen Maaße nicht beachtete und förmlich leichtsinnig behandelte, werde ich weiter unten näher beleuchten.

Auf diesem Stand waren im Anfang der dreißiger Jahren die Ansichten über den Zug der auf der Peutinger Tafel verzeichneten Straßenlinie von Vindonissa nach Reginum und über die an derselben gelegenen Römerorte.

Einstweilen war ich bemüht, in aller Stille die römischen Straßen und die Ueberreste römischer Wohnorte, nicht nach Hörensagen, sondern an Ort und Stelle genau zu erforschen und wagte es nun in den Jahren 1835 u. 1837 (f. Württ. Jahrbücher II. Theil. Jahrg. 1835 S. 376 ff. u. Jahrg. 1837 I. Theil S. 177 ff.) über den fraglichen Straßenzug meine Ansicht der Oeffentlichkeit zu übergeben.

Meine damals ausgesprochene Ansicht über den Zug der Straße ist im allgemeinen die meinige bis heute geblieben, und wurde auch als die bis jetzt richtigste angenommen, namentlich hat unser vaterländischer hochverdienter, streng gewissenhafter Geschichtsforscher, Oberstudienrath v. Stälin, in seiner Geschichte von Württemberg, die von mir bezeichnete Straßenlinie mit den daran liegenden Römerorten als die wahrscheinlichste erklärt.

Ich forschte emsig weiter und entdeckte an der fraglichen Straße noch eine weitere römische Station, die mir bis jetzt fehlte, zugleich füllte ich noch einige Lücken aus und änderte meine Ansichten über die Projektion der Tafel selbst (s. oben S. 6.), was mich bestimmte die Straßenlinie von Vindonissa nach Reginum noch einmal zu besprechen und sie mit meiner neuen Theorie über die Peutinger Tafel in Einklang zu bringen.

Bevor ich meine Reise bei dem festgestellten Vindonissa (Windisch) beginne, habe ich noch zu bemerken, daß ich aus dem von mir mühsam entdeckten römischen Straßenetz, das sich über Württemberg ausbreitete, diejenige Straße heraussuchte, welche streng nach den Regeln der römischen Hauptmilitärstraßen (Consularstraße) stets auf dem dominirenden Terrain mit möglichster Vermeidung der Thalübergänge (Defiles) geführt ist und an der sich die bedeutendsten Straßenknoten nach den verschiedensten Richtungen hin entwickeln. Ich rechne von Vindonissa aus nach Leugen *), weil wir dieses Maß auch am Bodensee und am Rhein hinunter angewendet sehen, und noch bei Baden-Baden (Aqua Aurelia) auf Leugensteinen finden.

Ferner geht hier probiren über studiren; es paßt kein anderes Maß wenigstens bis Sumlocenne (Rottenburg) und erst dort ändert sich das Leugenmaß in das Millienmaß, was ich später genauer besprechen werde.

Von dem festgestellten Windisch (Vindonissa) in der Schweiz aus-

---

*) Eine Leuge = 1½ Millien, 1 Millie = 1000 Römerschritten, 1 Römerschritt = 5 röm. Fuß. Nach unseren Begriffen rechneten die Römer zwei Schritte für einen, indem sie ganz richtig annahmen, daß man mit einem Schritt (nach unserer Annahme) nicht vorwärts komme und auf der Stelle bleibe, weil dieß gleichsam nur ein Vorsetzen des Fußes sei; erst dann, wenn man den andern Fuß nachzieht und vorwärts setzt, wird ein Schritt gemacht, der den Schreitenden wirklich von der Stelle bringt. Eine Millie ist demnach = 5000 röm. Fuß und 3 Millien = 15,000 röm. Fuß. Eine Reisestunde = 16,000 württ. Fuß und da der römische Fuß ein wenig größer ist als württembergische, so rechnen wir am einfachsten und leichtesten: 3 Millien = 1 Reisestunde und 2 Leugen ebenfalls = 1 Reisestunde.

Für diejenigen, welche meine archäologische Karte (s. oben) besitzen oder sich noch anschaffen, habe ich zu bemerken, daß der auf der Karte angegebene Millien- und Leugenmaßstab von anderer Hand etwas zu klein eingetragen wurde und es deßhalb räthlich ist das Millien- und Leugenmaß nach Reisestunden, welche ebenfalls auf der Karte angegeben sind, abzunehmen.

gehend folge ich unter genauer Einhaltung der auf der Tafel angegebenen Entfernungen einer entschiedenen, größtentheils von mir selbst aufgefundenen römischen Consularstraße.

Die Tafel zeigt von Vindonissa nach Tenedone VIII; 8 Leugen auf der Straße, die bei Zurzach über den Rhein geht, bringen mich auf das an der westlichen Grenze der Gemarkung Geißlingen gelegene sog. Heidenschlößchen, wo schon der Name einen abgegangenen Römerort bekundet, indem im Munde des Volkes alles was aus der Römerzeit stammt mit „Heide" benennt wird, daher die vielen Ortsnamen wie Heidenheim, Heidenhof, Heidenstatt ꝛc. und die Flurnamen Heidengraben, Heidenschloß, Heidenstraße, Heidenlöcher ꝛc. die alle auf ehemalige römische Anwesenheit nicht nur deuten, sondern sich als solche bestätigt haben. Auch die röm. Münzen werden vom Volk „Heidenköpflein" genannt.

Abgesehen hievon fand man hier großartige Grundreste eines quadratisch angelegten römischen Gebäudes, dessen Seiten je 138' Länge hatten. Ueberdieß kamen Bruchstücke von Wandmalereien, Ziegeln mit Stempeln, über 200 Stücke röm. Münzen, ein aus rothem Sandstein kolossal gearbeiteter Kopf, der für einen Jupiter erklärt wurde, nebst der Inschrift C.III.H.I. (Cohors tertia Hispanorum) zum Vorschein. Auch führte eine weitere Römerstraße von Westen her auf diese Stelle.

Hier setze ich ohne Bedenken das auf der Tafel angegebene Tenedone an, wozu mich das genaue Zutreffen des Maßes berechtigt.

Bis jetzt setzte man, namentlich Leichtlin, dem andere in Treu und Glauben folgten, Tenedone bei Zurzach am Rheinübergang an, nicht beachtend, daß bis dahin erst 5 Leugen von den angegebenen 8 abgelaufen sind.

Betrachten wir nun die Tafel genauer so finden wir zwischen Vindonissa und Tenedone ausnahmsweise den Hacken aufwärts gehend, was offenbar die Terrainschwierigkeit, welche der Rheinübergang verursacht, andeutet.

Von Tenedone lief die auf dem dominirenden Terrain fortführende Hauptheerstraße über Erzingen, Siblingen und über den Randen am Babischen Zollhaus vorüber nach dem an römischen Alterthümern reichen, an einem römischen Straßenknoten liegenden Hüfingen, wo ich Juliomago ansetze.

Die Tafel zeigt von Tenedone bis Julio mago XIV; 14 Leugen reichen aber nicht hin und erst mit 16 Leugen wird Hüfingen erreicht. Hier nehme ich einen Schreibfehler an, den vermuthlich der Kopist der Tafel begangen hat, indem statt XVI. XIV. schrieb, ein Irrthum der sich wegen der Aehnlichkeit der Zahlen leicht erklären läßt. Daß meine Annahme die richtige ist, wird die Folge lehren.

Meine Vorgänger, denen es nicht darauf ankam der Tafel nach Belieben noch viel größere Fehler öfters von 6—10 Leugen aufzubürden, würden einen so kleinen Fehler gar nicht beachtet, sondern sogar hier die Tafel als vollkommen genau erklärt haben.

Das sei ferne von mir; wo der Tafel wirklich Unrichtigkeiten nachgewiesen werden können, werde ich dieß thun, im andern Fall aber mich gewissenhaft bemühen, diesem sinnreichen Werke die Ehre zu retten.

Ueberblicken wir den Weg von dem Heidenschlößchen bei Geißlingen (Tenedone) bis Hüfingen (Juliomago), so führt uns dieser über einen namhaften Höhenzug, den Rauben, der hier die ganze Gegend beherrscht und von den Römern mit ihrer Hauptstraße aus militärischen Rücksichten nicht umgangen werden durfte.

Werfen wir nun einen Blick auf die Zeichnung der Tafel, so kann uns nicht entgehen, wie von dem aufwärts gehenden Hacken bei Tenedone die Straßenlinie selbst ansteigt und bei Juliomago mit einem scharfen spitzen Winkel abstuft. Hier ist die Terrainschwierigkeit, über welche die Straße führte, einerseits durch das Ansteigen der Straßenlinie, andererseits durch den spitzen scharfen Hacken trefflich angedeutet.

Von Juliomago bis Brigobanne enthält die Tafel das Maß XI; ich nehme meinen Weg auf der bekannten Römerstraße, welche von Hüfingen über Donaueschingen, an Schwenningen vorüber nach der zwischen dem Neckar und der Prim gelegenen Altstadt bei Rottweil führt und erreiche mit 11 Leugen letztere Stelle, wo ich Brigobanne ansetze.

Rottweil ist mit seinem namhaften römischen Straßenknoten und römischen Ueberresten, worunter ein herrlicher Mosaikboden, längst als eine römische Niederlassung bekannt, und alle Welt wird ausrufen Rottweil ist ja Arae flaviae und nicht Brigobanne! Ich antworte einfach, was berechtigte Aris flavis in Rottweil gefunden zu haben, enthält etwa eine dort entdeckte Inschrift den Namen Arae flaviae oder gibt eine solche irgend eine Andeutung, daß man mit Sicherheit diesen Schluß machen könnte. Gewiß nicht.

Die Sache ging einfach so: Mannert erklärte zuerst Aris flavis für Rottweil, nach ihm behauptete Leichtlin dasselbe mit noch mehr Bestimmtheit, und hiemit erhielt der Römerort bei Rottweil seinen Namen. Die meisten nahmen dieß geduldig an und keiner wagte das Gegentheil zu behaupten, oder vielmehr keiner gab sich die Mühe, an Ort und Stelle zu forschen und zu prüfen. So wurde die aufgestellte Ansicht allmählig zur Wahrheit, ein Fall, der leider gar häufig vorkommt. Man suchte, namentlich Leichtlin, mittelst der auf der Tafel angegebenen Maße Arac flaviae in Rottweil nachzuweisen; auf welche Weise dieß bewerkstelligt wurde, will ich nun näher auseinander setzen.

Leichtlin, der ebenfalls von Windisch ausging und mit Leugen rechnete, setzt bei Zurzach Tenedone an und behauptet, daß bis hieher die auf der Tafel angegebenen VIII Leugen zurückgelegt seien; bei näherer Prüfung stellt sich aber heraus, daß die Entfernung von Windisch bis Zurzach nur 5 Leugen beträgt.

Von Zurzach geht Leichtlin weiter auf der römischen Heerstraße, die an Geißlingen vorüber führt, bis gegen den Randen, dort verläßt er auf einmal die Heerstraße und das dominirende Terrain und nimmt gegen alle Regeln, nach welchen die Römer ihre Heerstraßen führten, seinen Weg unter einem beinahe rechten Winkel nach Stühlingen, wohin er weder eine römische Straße einhält, noch in Stühlingen Spuren einer römischen Niederlassung findet. Dagegen sind später wirklich römische Ueberreste bei Stühlingen entdeckt worden. Hier setzt er beruhigt Juliomago an und behauptet, die 14 Leugen, welche die Tafel von Tenedone nach Juliomago zeigt, seien von Zurzach nach Stühlingen abgelaufen. Die Entfernung von Zurzach nach Stühlingen beträgt aber sogar mit dem Umweg, den Leichtlin macht, nur 9 Leugen.

In neuerer Zeit wollte man das von Stühlingen eine Stunde nordöstlich gelegene Schleitheim, wo ausgedehnte römische Ueberreste gefunden wurden, für Juliomago erklären (s. Geschichte des Klettgau's von Dr. Martin Wanner. Hamburg 1857), allein bis dahin ist ebenfalls das auf der Tafel angegebene Maß zu groß, indem, wenn auch unrichtiger Weise, Zurzach als Tenedone angenommen wird, dennoch nur 10 Leugen von da nach Schleitheim ausreichen. Ueberdieß liegt Schleitheim eine Stunde östlich von der Haupteerstraße in einer Gegend, durch welche die Römer aus strategischen Rücksichten ihre große Militärstraße nicht führen konnten.

Daß Schleitheim eine namhafte römische Niederlassung war, liegt außer Zweifel, allein das berechtigt nicht, dasselbe an die militärische Hauptstraße (Operationslinie) zu setzen, denn wenn man all die römischen Niederlassungen, die zum Theil sehr bedeutend sind, an die auf der Tafel angegebene Straßenlinie verlegen wollte, dann würde man mit den hunderten von römischen Wohnplätzen, die in naher oder größerer Entfernung von der Hauptstraße liegen, in nicht geringe Verlegenheit kommen.

Schleitheim, Stühlingen, Beggingen ꝛc. waren römische Niederlassungen, die am westlichen Fuß des Höhenzugs (Randen), über den die Militärstraße zog, lagen.

Ich komme nun wieder auf Leichtlin zurück, der, wie schon angeführt, Juliomago bei Stühlingen festsetzte; von da geht er, eine Römerstraße nicht einhaltend, das Wutachthal hinauf und gelangt endlich durch tiefe unwirthliche Schluchten auf die Höhe beim badischen Zollhaus, wo er die römische Hauptstraße, die er früher verlassen hatte, wieder erreicht. Auf dieser setzt er nun seine Reise weiter bis Hüfingen fort; hier bestimmt er Brigobanne, indem der Tafel abermals ihr Recht widerfahren sein soll. Nach der Tafel beträgt die Entfernung von Juliomago nach Brigobanne XI; auf dem Wege aber, den Leichtlin von Stühlingen nach Hüfingen einschlägt, sind nur 9 Leugen nöthig.

Von Hüfingen auf der bekannten römischen Hauptstraße über Donaueschingen, Schwenningen ꝛc. kommt Leichtlin zur Altstadt bei Rottweil, wo er Arae flaviae ansetzt und die 14 Leugen, welche die Tafel von Brigobanne nach Aris flavis angibt, zurückgelegt zu haben glaubt, während die wirkliche Entfernung nur 11 Leugen beträgt.

Wir sehen nun auf welche Weise Leichtlin, der nicht einmal die große Heerstraße einhielt, sondern einen unerlaubten Umweg machte, die Maße der Tafel nicht richtig anwendete und bei jeder Station zu wenig oder zu viel rechnete, zu Werke ging, um Aris flavis in Rottweil unterzubringen.

Und dieses Eintreffen des Maßes der Tafel ist der einzige Beweis, den Leichtlin und seine Nachfolger für die richtige Bestimmung von Arae flaviae bei Rottweil zu führen wähnen. Wie kann man aber bei einer derartigen Mißhandlung der Tafel sich noch auf dieselbe berufen wollen, wenn die Tafel so willkürlich behandelt werden darf, oder wenn sie wirklich solche grobe Fehler bei jeder Station enthielte, dann dürfen wir sie beruhigt bei Seite legen und sie ja nicht als eine Wegweiserin benützen wollen.

Von Rottweil an verläßt Leichtlin die Hauptmilitärstraße und geht auf einer nähern Kommercialstraße an Binsdorf vorüber (die jedoch damals noch gar nicht nachgewiesen war) nach Rottenburg, wo er Samulocenne ansetzt.

Da nun aber Leichtlin mit den Maßen der Tafel nicht haushälterisch zu Werke ging und bis Rottweil an denselben ziemlich eingebüßt hatte, so wollen ihm, obgleich er den nächsten Weg einschlägt, die noch übrigen 14 Leugen von Aris flavis bis Samulocenne nicht ausreichen; er bürdet daher der Tafel einen Fehler von nicht weniger als 10 Leugen auf und nimmt statt XIV XXIV an, mit welchem Maß er in Rottenburg anlangt.

Meine Rechnung ist eine andere und, wie sich herausstellen wird, richtigere, der Tafel entsprechende.

Von Rottweil (Brigobanne) gehen mehrere Römerstraßen aus, von denen drei nach Rottenburg führen und zwar eine über Binsdorf, die andere über Sulz und endlich die dritte über Waldmössingen, Dornhan, Ober-Iflingen, Schopfloch, Eutingen ꝛc. Die erste, eine der Nähe wegen angelegte Kommercialstraße, führt über ungünstiges Terrain und hat überdieß auf ihrem Zug bis Rottenburg die Thäler der Schlichem, der Steinach und der Starzel zu überschreiten, sie ist demnach ganz gegen die Regeln einer römischen Militärstraße geführt.

Die andere über Sulz hat das Schlichemthal, das Neckarthal zweimal, das Eyachthal, das Starzelthal und das Katzenbachthal zu überschreiten und trägt noch weniger den Charakter einer Militärstraße als die erste.

Die dritte aber vermeidet alle Thalübergänge und führt auf der flachen Hochebene bis zur nächsten Station Aris flavis und von hier ebenfalls wieder auf der Hochebene fortziehend und alle Thalübergänge vermeidend bis Rottenburg.

Dieß ist daher die römische Hauptstraße, die Straße, welche in der Peutinger Tafel verzeichnet ist; auf ihr werde ich meine Reise fortsetzen, bevor aber noch einen Blick auf die Tafel werfen, um zu sehen, wie sich die Zeichnung derselben von Juliomago bis Brigobanne mit der Wirklichkeit des Wegs verhält.

Die auf der Tafel gezeichnete Straßenlinie von Juliomago bis Brigobanne steigt etwas an und enthält bei Brigobanne eine ganz mäßige Treppe, was uns auf unbedeutende Terrainschwierigkeiten zwischen den beiden Orten schließen läßt. Bei näherer Prüfung an Ort und Stelle finden wir dieß vollkommen bestätigt, indem die Straße anfänglich etwas ansteigt, dann das noch ganz unbedeutende, beinahe noch gar nicht eingefurchte Neckarthal unterhalb Schwenningen überschreitet, und weiterhin vollends eben bis zur Altstadt bei Rottweil führt, somit keine Terrainschwierigkeit zu überwinden hat.

Es stimmen daher nicht nur die Maße der Tafel, sondern auch die Zeichnung derselben mit der Wirklichkeit überein und berechtigen vollkommen Brigobanne bei Rottweil anzusetzen.

Ich gehe weiter auf der Hauptheerstraße von Rottweil, an Dunningen, Waldmössingen und an Dornhan vorüber, bei Leinstetten über das Glattthal bis zur Altstadt bei Unter-Iflingen. Bis hieher sind die 14 Leugen, welche die Tafel von Brigobanno bis Aris flavis angibt, abgelaufen, so daß ich kein Bedenken trage hier Arac flaviae zu bestimmen.

Die Altstadt bei Unter-Iflingen ist ein sehr interessanter Punkt, den bis jetzt alle Alterthumsforscher übersehen haben, obgleich von dieser Stelle vier Römerstraßen ausgehen und daselbst noch namhafte Verschanzungen vorhanden sind (s. hier. meine Abhandlung in den Württemb. Jahrbüchern Jahrg. 1846, Heft I. S. 155 ff.)

Die Sage erzählt hier von einer abgegangenen Stadt, die Rockesberg geheißen habe, woher diese Benennung kommt, kann ich nicht erklären, sollten vielleicht in frühester Zeit, nach der Vertreibung der Römer aus diesen Gauen die Alemanen von dem verlassenen Römerort eine Zeit lang Besitz genommen und diesen alsdann Rockesberg genannt haben, oder ist das Ganze nur eine Fabel. Ersteres hat viel Wahrscheinlichkeit, indem sich viele ähnliche

Fälle im röm. Zehentland nachweisen lassen, daß nämlich entschieden römische Wohnplätze nach der Vertreibung der Römer in Besitz genommen wurden und derartige Orte, welche häufig im frühen Mittelalter wieder abgingen, deutsche Namen erhielten; ich erinnere hier nur an das auf eine römische Niederlassung bei Canstatt gegründete, längst wieder abgegangene Dorf Altenburg, an das längst verschwundene, ebenfalls auf einen Römerort gegründete Mühlhausen bei Herrenberg, an Altingen bei Sindelfingen ꝛc. Das wichtige Rottenburg selbst soll nach der Sage früher einen andern deutschen Namen geführt haben (s. hier. unten).

Was nun die Ueberreste der Altstadt bei Unter-Iflingen betrifft, so findet sich daselbst auf einem gegen das Glattthal zwischen 2 Schluchten hinziehenden Terrainvorsprung ein alter, mit einer Mauer umfriedigter Raum, der sich gerade der Bergform anpaßt und nur auf den östlichen, mit der Hochebene zusammenhängenden Seite von Natur allein zugänglich ist. Die Mauer ist begreiflicher Weise nicht mehr gut erhalten und meist übereinander gefallen, jedoch immer noch 3—4' hoch und von lauter kleinen Steinen, worunter viele bei den Römern so beliebte Kalktuffe, aufgeführt. An der allein zugänglichen Ostseite hat die Umfriedigung einen Eingang, der heute noch von dem Volke das Thor genannt wird, zu ihm führt ein gepflastertes Sträßchen. In der Mitte der Verschanzung befindet sich ein gepflasterter Raum, der Markt genannt.

Südlich dieser Stelle, in der Richtung gegen Leinstetten, stößt man allenthalben auf Grundmauern und findet Backsteine, röm. Ziegel ꝛc., auch befindet sich daselbst ein ausgemauerter Brunnen, der noch den Namen Stadtbrunnen führt.

Gerade an dieser Stelle kommen als schlagende Zeugen für meine Behauptung die Flurnamen „Hinter= und Vorder=Alt=Ara" vor, demnach 2 Ara „Arae"; hiemit haben wir den wahren Namen der röm. Niederlassung **Arae flaviae**.

Außer dem Zutreffen des Namens und der genauen Entfernung der Tafel, die XIV Leugen von Brigobanne bis **Aris flavis** angibt, stimmt noch die Zeichnung der Straßenlinie vollkommen überein; sie zeigt eine ziemlich starke Abtreppung, was den Uebergang des tief eingeschnittenen Glattthales, die einzige Terrainschwierigkeit zwischen Rothweil und Unter=Iflingen, deutlich angibt.

Die Römer, welche bei Führung ihrer Heerstraßen die Thalübergänge möglichst vermieden haben, waren hier genöthigt, das Glattthal zu überschreiten, denn die Umgehung desselben hätte einen Umweg von wenigstens 8 Stunden erfordert, was denn doch zu bedeutend gewesen wäre und überdieß durch eine unwirthliche Gegend des Schwarzwaldes geführt hätte.

Dieses günstige Zusammentreffen aller Momente, des Namens, der genauen Uebereinstimmung der Entfernung und die Zeichnung der Tafel, wird wohl Rottweil den Namen Arae flaviae streitig zu machen im Stande sein, um so mehr, als für Rottweil auch nicht ein einziges Moment spricht, als das, daß es bis jetzt als solches allgemein angenommen wurde.

Von Arae flaviae bis Samulocennis zeigt die Tafel XIV; ich gehe auf der römischen, meist noch wohl erhaltenen Hauptheerstraße fort, an Schopfloch und Bildechingen vorüber nach Eutingen und von da an Wolfenhausen vorüber nach Rottenburg.

Bis hieher sind nicht nur die 14 Leugen der Tafel genau abgelaufen, sondern auch die Zeichnung der Straßenlinie stimmt vortrefflich mit dem wirklichen Zug der Heerstraße, die stets auf der Hochebene fortführt und weder ein Thal noch irgend eine Terrainschwierigkeit zu überschreiten hat. Die Tafel zeigt diese günstige Strecke mit einer horizontalen Linie an, welche sich gerade an den mit 2 Häuschen bezeichneten Hauptort Samulocennis anschließt.

Allein dieser Beweise bedarf es hier nicht einmal, denn Rottenburg ist längst als Samulocennis nicht allein angenommen, sondern durch seine großartigen reichen Ueberreste, die alle anderen Reste römischer Niederlassungen im römischen Zehentlande weit übertreffen, als die Hauptstadt im Zehentlande erkannt; von ihr gehen allein acht bis jetzt bekannte Römerstraßen aus und überdieß finden sich in verschiedenen Entfernungen rings um die ehemalige Römerstadt überall Spuren von abgegangenen kleineren römischen Wohnplätzen (Villen), die sicher auf eine großartige Niederlassung zur Zeit der Römer auf der Stelle des gegenwärtigen Rottenburg schließen lassen.

Die Stadt selbst aber und ihre nächste Umgebung ist angefüllt mit römischen Gebäuberesten, unter denen die eines Theaters ꝛc. und hat die reichste Ausbeute an den verschiedensten römischen Anticaglien, Denkmälern und Bildwerken geliefert, deren Entdeckung wir hauptsächlich den rastlosen Bemühungen des verdienstvollen, leider jüngst verstorbenen Dombekans von Jaumann verdanken (s. dessen Beschreibung der Colonnia Sumlocenne). Auch den Namen der Römerstadt hat dieser unermüdete Forscher auf verschiedenen Anticaglien, welche Sum., Suma, Sumolocen. ꝛc. enthielten, ans Licht gezogen und somit die Ansicht, daß Rottenburg das Samulocennis der Tafel sei, aufs glänzendste bestätigt.

Allein dieser hochverdiente Mann, dem die Alterthumskunde so vieles zu verdanken hat, wollte dieß nicht zugeben und beharrte auf seiner schon in den zwanziger Jahren ausgesprochenen Ansicht, das Samulocennis der Tafel sei auf der rechten Seite der Donau, in der Gegend von Mößkirch, zu suchen und wußte sich endlich nicht anders zu helfen, als zu erklären, es habe zwei

Samulocenne, eines bei Mößkirch und eines bei Rottenburg gegeben (?). Ich habe die volle Ueberzeugung, daß v. Jaumann selbst im Innern seine Ansicht änderte und Rottenburg für Samulocennis der Tafel erkannte, allein er hatte einmal eine andere Ansicht veröffentlicht und wollte sich, wie es scheint, durch Zurücknahme derselben keine Blöße geben.

Solche Fälle sind häufig die Hemmschuhe der Wissenschaft, die indessen im Laufe der Zeit dennoch den Sieg davon trägt. An Rottenburg (Samulocennis) haben wir nun einen ganz sicheren Punkt, der zugleich nachweist, daß meine Bestimmung der Römerorte bis hieher unter Einhaltung der Maße der Tafel nach Leugen, auf einer gründlich aufgesuchten Hauptheerstraße fortgerechnet, richtig ist.

Auch die Volkssage, daß hier eine Stadt untergegangen sei, die Landstron geheißen habe, spricht sogar für den Hauptort des Zehentlandes, für die Krone des Landes.

In Rottenburg ändert sich das Leugen= in das Millienmaß, indem von hier an ersteres bis zu dem unbestreitbaren Reginum (Regensburg) viel zu groß wäre. Der gleiche Fall tritt bei Augsburg (Augusta Vindelicorum) ein, bis wohin wir von Pfin (Ad fines) in der Schweiz, dem Bodensee entlang ebenfalls das Leugenmaß angewendet sehen, während wir von Ad lunam an das Millienmaß in der Richtung gegen Augsburg, wenigstens bis an die Gränze des Zehentlandes (die Donau) im Gebrauch finden.

Es scheint demnach, daß die Römer die Aenderung der Maße, wo es nöthig war, in Hauptstädten und nicht in minder wichtigen Zwischenstationen vornahmen.

Abgesehen hievon, wird meine Weiterreise auf der römischen Hauptstraße und das genaue Zutreffen der Stationen nach dem Millienmaß, die Annahme desselben von Rottenburg an am besten rechtfertigen.

Von den acht bekannten, von Rottenburg ausgehenden Römerstraßen führen drei in der Richtung gegen Regensburg, von denen wir nur folgende wegen ihrer militärischen Zwecken entsprechenden Führung als eine wirkliche Hauptheerstraße annehmen dürfen; sie führt in nordöstlicher Richtung von Rottenburg gegen Pfäffingen, wo sie unterhalb dieses Dorfs das flache, hier durchaus keine Terrainschwierigkeit bietende Ammerthal überschreitet, weiter an Altingen und Gültstein vorüber nach Herrenberg; hier erst beginnt sie den Höhenzug des Schönbuchs zu übersteigen und das dominirende Terrain zu gewinnen. Vortrefflich gewählt! Denn jede andere Ueberschreitung des Schönbuchs von Rottenburg aus hätte mit großen Terrainschwierigkeiten (steile Abhänge, Uebergänge über tiefe, schroff eingeschnittene Waldthäler), oder mit bedeutenden Umwegen zu kämpfen gehabt.

Von der Schönbuchshöhe oberhalb Herrenberg, führt nun die Straße an Hilbrihhausen, Altdorf, Holzgerlingen vorüber nach Böblingen und von da auf das Altinger Feld, südlich von Sindelfingen.

In der Nähe des Straßenzuges finden sich häufig Reste abgegangener römischer Wohnplätze und unfern Böblingen wurde ein römischer Altar mit Merkursdarstellung aufgefunden.

Auf dem Altinger Feld bei Sindelfingen vereinigen sich 5 Römerstraßen; hier soll nach der Sage ein Ort Altingen gestanden sein, von dem man schon zu verschiedenen Zeiten Grundreste auffand. Bei näherer Untersuchung erwiesen sie sich als römische, auch fand und findet man dort röm. Ziegel, Heizröhren, römische Münzen 2c. und heute noch ist ein Mauerrest am nahen Straßengraben daselbst sichtbar. Ueberdieß entdeckte ich ein aus Stein gearbeitetes Relief einer Victoria, welche an einem Hause in Sindelfingen eingemauert war und auch auf dem Altinger Feld ausgegraben wurde.

Ein weiteres römisches Bildwerk (nach der Beschreibung ein Merkur), stand zunächst des Altinger Felds auf der Flur Oerlach, wo man ebenfalls Gebäudereste entdeckte; es wurde leider zu einer steinernen Bank vor etwa 50 Jahren verwendet. Die Stelle, wo der Stein aufgestellt war, wird heute noch der ehrliche Mann, d. h. Oerlacher Mann, genannt.

Nahe bei dem sog. Oerlacher Mann wurde auch ein Schwein von Bronce aufgefunden.

An das Altinger Feld stößt nördlich ein nun von einem Theil der Stadt Sindelfingen überbauter Distrikt, der den Namen „Burg" führt und ohne Zweifel eine zu der hier abgegangenen Römerstadt gehörige Befestigung war.

Außerdem entdeckte ich 5 kleinere römische Wohnplätze, theils ganz in der Nähe, theils in einer Entfernung von $^1/_4$ oder $^1/_2$ Stunde von dem Altinger Feld.

Hiedurch wird die Bedeutung des Römerorts bei Sindelfingen genügend nachgewiesen sein.

Die Tafel zeigt nun von Samulocennis bis Grinarione XXII; auf der angeführten Straße fortgerechnet bringen mich 22 Millien von Rottenburg genau auf das Altinger Feld bei Sindelfingen, wo ich das römische Grinarione ansetze. Die Zeichnung der Tafel zeigt von Samulocennis bis Grinarione eine ansteigende Linie mit starker Abtreppung, was mit den Terrainverhältnissen zwischen Rottenburg und Sindelfingen genau übereinstimmt und die Ueberschreitung des Schönbuchhöhenzugs glänzend darstellt.

Von den 5 in Sindelfingen zusammenlaufenden Römerstraßen führt nur eine in der Richtung gegen Regensburg; sie ist zugleich die nach strategischen Rücksichten am zweckmäßigsten angelegte, und zieht von Sindelfingen an der auf sie gegründeten Landstraße nach Vaihingen mit unbedeutenden Abweichungen weiter, bis sie etwa ¼ Stunde westlich von Vaihingen die Landstraße verläßt und sich dann dem römischen Wachhäuschen und des daselbst von mir entdeckten römischen Wohnplatzes zuwendet; weiter führt sie über den sog. Pfaffenwald, durch den K. Wildpark auf die Hohewart, wo ohne Zweifel eine römische Warte stand, mitten durch Feuerbach auf die Prag bis zum Altenburger Feld bei Canstatt.

Die römische Niederlassung auf dem Altenburger Feld, die sich auch über die Stadt Canstatt selbst und noch weiter, namentlich gegen die Prag hin, erstreckte, ist längst bekannt und durch viele hier aufgefundene Gebäudesubstruktionen, Alterthümer, Münzen, mehrere Denksteine mit Bildwerken und Inschriften ꝛc. gründlich nachgewiesen.

Die Tafel zeigt von Grinarione bis zur nächsten Station Clarenna XII, und zwar ist die Zahl hier absichtlich unterhalb des Hackens gesetzt, weil hier noch weitere Hacken ohne Namen vorkommen.

Zwölf Millien reichen gerade auf der beschriebenen, stets auf dominirendem Terrain hinführenden Heerstraße von Sindelfingen nach Canstatt, wohin das römische Clarenna entschieden zu setzen ist, was schon v. Raiser vermuthete.

Aber nicht nur das Maß, sondern auch die Zeichnung der Tafel stimmt ganz genau mit der Wirklichkeit, indem der starke Hacken bei Clarenna die Terrainverhältnisse, welche die Straße über den Ausläufer des Schönbuchs und den Neckar zu passiren hatte, angibt.

Der Uebergang über den Neckar ist hier von den Römern mit bewundernswürdiger Terrainkenntniß gewählt worden, denn auf weiten Strecken thalauf- und thalabwärts, hätten sich dem Fluß- und Thalübergang weit größere Schwierigkeiten entgegen gestellt, als gerade hier bei Canstatt, wo sich die Thalgehänge auf beiden Seiten des Flusses sehr verflachen und den Uebergang begünstigen.

Von den sieben in Canstatt zusammenlaufenden Römerstraßen geht nur eine in der Richtung gegen Regensburg, die anderen führen entweder rückwärts oder seitwärts von Canstatt weiter und sind überdieß theils Thalstraßen, theils minder wichtige Heerstraßen, so daß man hier ohne Bedenken die ostwärts ziehende Haupttheerstraße einzuschlagen hat; sie lief von Canstatt, wie die auf sie gegründete, noch heute den Namen Hochstraße führende Landstraße nach Waiblingen, setzte dort über die Rems und gewinnt bald den Höhenzug auf dem Buoch liegt. An letzterem Ort vorbeiziehend nimmt sie ihren Zug stets auf der Wasserscheide fort nach Birken-Weißbuch, weiter gegen Necklinsburg und Asperglen, von wo aus sie in das Wieslaufthal führt, dieses überschreitet und alsbald den entgegengesetzten Abhang wieder hinanzieht bis auf die Hochebene bei Pfahlbronn, das auf der Wasserscheide zwischen der Rems und der Lein liegt. Hier setze ich das römische Ad lunam an, wozu mich das von Canstatt bis hieher zutreffende Maß mit 22 Millien berechtigt.

Die römische Niederlassung bei Pfahlbronn, zu der wir auch die nahe gelegene an römischen Ueberresten reiche Niederlassung bei Welzheim zählen müssen, lag hart am Grenzwall, an einer Stelle, wo 4 Römerstraßen zusammen laufen und wo man Reste eines großartigen römischen Gebäudes, das für einen römischen Tempel erklärt wurde, aufgefunden hat.

Die Tafel gibt bei Ad lunam einen Straßenarm nach Pomone mit XL (d. i. 40 Millien) an; von Pfahlbronn bringt mich dieses Maß auf einer von mir aufgefundenen Römerstraße gegen Lorch, am Hohenstaufen vorüber nach Böhmenkirch, Heidenheim ꝛc. nach Lauingen, wo v. Raiser Pomone nachgewiesen hat.

Dieses Zutreffen des Maßes von Pfahlbronn (Ad lunam) bis Lauingen (Pomone) liefert einen mathematischen Beweis, daß ich Ad lunam an der richtigen Stelle festsetzte, abgesehen von dem weiteren Eintreffen des Maßes der Tafel von Canstatt (Clarenna) bis Pfahlbronn (Ad lunam) und von der Namenähnlichkeit Ad lunam zu der Lein.

Nun werden mir diejenigen, welche noch der irrigen Ansicht sind, die Hacken der Tafel seien Ortszeichen, entgegen halten, ich habe den namenlosen Hacken zwischen Clarenna und Ad lunam nicht berücksichtigt. Es ist dieß der berüchtigte Hacken, an dem bis jetzt alle Forscher hängen geblieben sind, und wegen dessen sie hauptsächlich die Zeichnung der Tafel von Vindonissa nach Regino so sehr in Verruf gebracht und erklärt haben, daß schon wegen des namenlosen Hackens, an dem der Ortsname und die Zahl fehle, das Räthsel, welchen Zug die Straße von Windisch bis Regensburg habe, nie ganz zu lösen sei.

Ich bedaure diesen Jammer wegen des namenlosen Hackens noch vermehren zu müssen, indem ich behaupte, daß nach der Zeichnung der Tafel zwischen Clarenna und Ad lunam sogar zwei namenlose Hacken vorkommen, weil wir offenbar Ad lunam erst an dem Punkt, an welchem der Straßenarm von Ad lunam nach Pomone abgeht, anzusetzen berechtigt sind.

Demnach wäre die Tafel hier noch unrichtiger als man bis jetzt befürchtete; ich behaupte gerade das Gegentheil, die Tafel ist wohl an wenig Stellen so richtig und scharfsinnig behandelt, als gerade auf der Linie von Clarenna bis Ad lunam. Es ist schon oben nachgewiesen worden, daß die Hacken (Treppen) der Tafel nicht Ortspunkte, sondern die größere oder kleinere Terrainschwierigkeit von einem Ort zum andern andeuten, daß diese Treppenzeichnung der Tafel auf die einfachste und sinnigste Weise die Profile des Terrains, über welches die Heerstraße von einem Römerort zum andern zog, darstellt.

Vergleichen wir nun das Terrain, welches die Straße von Canstatt nach Pfahlbronn überschreiten mußte, so finden wir, daß diese über das mäßig eingefurchte Remsthal (erster nicht bedeutender Hacken), später über das namhaft eingefurchte Wieslaufthal (zweiter stärkerer Hacken) und dann erst auf die Höhe von Pfahlbronn führte. Die Stelle von Ad lunam bei Pfahlbronn, der einzige Römerort, der von Vindonissa bis Regino auf die Anhöhe fällt, ist aber durch die nach Pomono führende Straße vortrefflich angedeutet, indem diese nicht beim zweiten Hacken, sondern von diesem entfernt, der nächsten Station näher gerückt, eingezeichnet ist.

Wenn diese Zwischenhacken römische Niederlassungen bedeuten würden, dann wären auch die Zwischenmaße von diesen Stationen ausgelassen und das auf der Tafel angegebene Maß von Clarenna nach Ad lunam mit 22 Millien könnte von Canstatt bis Pfahlbronn nicht zutreffen.

Alle Momente stimmen hier so vortrefflich zusammen, daß wir die Zeichnung der Tafel oder vielmehr den Verfertiger derselben, der hier mit den einfachsten Mitteln die möglichste Genauigkeit erreichte, nicht genug bewundern können.

Dieser Fall wird nun auch gehörigen Aufschluß geben über viele auf der Peutinger Tafel noch vorkommende namenlose Hacken, die in den meisten Fällen nur die Terrainverhältnisse andeuten, obgleich ich nicht in Abrede ziehen will, daß der Zeichner oder Copist der Tafel nicht auch zuweilen einen Ortsnamen einzuschreiben übersehen haben mag.

Die Station von Ad lunam ist auf der ganzen Straßenlinie von Windisch bis Regensburg eine der wichtigsten, weil sie gerade an den Punkt fällt, an welchem der Limes transdanubianus sich an den Limes transrhenanus anschließt und beide Grenzlinien hier einen beinahe rechten Winkel mit einander bilden.

Schon aus diesem Grunde mußte dem Verfertiger der Tafel viel daran liegen, hier die Zeichnung so genau als möglich auszuführen, was ihm auch wirklich vortrefflich gelungen ist.

Von Pfahlbronn (Ad lunam) wird nun die Hauptmilitärstraße zugleich Grenzstraße und bildet auf einer beträchtlichen Strecke den Limes transdanubianus; sie führt beinahe ganz eben und gerade auf der Wasserscheide zwischen der Lein und der Rems fort über Alfdorf, Adelstetten, Pfersbach, nördlich an Jgginngen, südlich am Birkhof vorüber bis in die Nähe des Sixenhofs; hier trennt sie sich von der Limesstraße und zieht selbstständig noch deutlich sichtbar am nördlichen Fuß des Kolbenberges vorüber über Unter-Rombach nach Aalen.

In Aalen vereinigen sich 4 Römerstraßen und überdieß finden sich namhafte römische Ueberreste daselbst, von denen ich selbst die Grundreste eines römischen Gebäudes mit schön marmorirten Estrichböden ausgraben ließ; auch sind die römischen Münzfunde hier sehr häufig.

Ich trage daher kein Bedenken hier Aquileja anzusetzen, um so mehr, als nicht allein die 20 Millien, welche die Tafel von Ad Iunam nach Aquileja angibt, ganz genau zutreffen, sondern auch die Zeichnung der Straßenlinie auf der Tafel, welche einen mäßigen und zwar sehr stumpfen Hacken zeigt, mit den ganz leicht zu passirenden Terrainverhältnissen zwischen Pfahlbronn und Aalen trefflich übereinstimmt.

Von Aalen führt die große römische Militärstraße, unter dem Namen „alte Heerstraße", die steile, hohe Alb hinauf zur Hochebene, dort über Simisweiler gegen Michelfeld und von da die steile Alb wieder hinunter über Aufhausen nach Bopfingen, in welchem ich das römische Opie erkenne. Hiefür spricht nicht nur die Namensähnlichkeit, indem aus Opie, Opingen und aus diesem Bopfingen herausgefolgert werden kann, sondern auch das Zusammentreffen von fünf meist gut erhaltenen Römerstraßen in Bopfingen.

Ueberdieß ist die Lage von Bopfingen am Fuß des freistehenden, imposanten Ipfberges, gerade an dem Eingang in die Rießebene, von solcher militärischer Wichtigkeit, daß die kriegserfahrenen Römer diesen Punkt nicht unbenützt lassen durften und hier einen festen Punkt anlegen mußten, der einerseits den Eingang in die Rießebene deckte, andererseits als fester Punkt im Rücken des nahe (nördlich) ziehenden Grenzwalls diente.

Bopfingen hat viele römische Münzfunde aufzuweisen und nebenbei wurde ein römischer Meilenstein bei Bopfingen an der Straße nach Oberndorf aufgefunden, den man leider zu einer Hausstaffel verwendete. Auch wurden in der Nähe der Stadt ganz reich ausgestattete alte Gräber entdeckt, die zwar nicht für römische erklärt werden dürfen, aber dennoch nachweisen, daß dieser Punkt schon sehr frühe bewohnt, und von Bedeutung gewesen sein muß.

Ferner ist die nächste Umgegend von Bopfingen reich an abgegangenen römischen Wohnplätzen, wie bei Kerkingen, Trochtelfingen, Röttingen und Hohen=Balbern, wo man zwei römische Denksteine mit Bildwerken auffand.

Am wichtigsten sind aber die Verschanzungen auf dem Ipf, dessen spitze Kuppe rings mit einem uralten Wall umgeben ist, von dem aus sich ein Laufgraben, der sog. Löffel, an der gegen den Limes gerichteten Seite hinabzieht und am Fuß des Ipfs mit einer weiten, künstlich hergestellten Vertiefung endet. Die Verschanzung dieses militärisch äußerst wichtigen Punktes, auf dem nie eine Burg stand, ist unfehlbar ein Werk der Römer.

Auch die in der Thalebene bei Bopfingen aufgeworfene, mit Graben umgebene Verschanzung, der Burgstall genannt, wird wohl ursprünglich von den Römern herrühren und erst später von den Herrn von Bopfingen für ihren Sitz benützt worden sein, da es im Mittelalter nicht Sitte war sich in den Thälern, sondern auf natürlich festen Punkten Burgen zu erbauen, wenn nicht schon vorher befestigte Stellen vorhanden waren.

Alle diese Umstände sprechen entschieden dafür in Bopfingen das römische Opie anzusetzen, allein man wird mit entgegnen, das auf der Tafel angegebene Maß von **Aquileja** nach Opie mit 18 Millien ist zu groß und 14 Millien reichen hin um von Aalen nach Bopfingen auf dem angegebenen Weg zu gelangen.

Allerdings wenn wir nach horizontaler Entfernung unserer gegenwärtigen Karten rechnen; das dürfen wir aber nicht thun, denn die Römer rechneten bekanntlich nach Schritten, die sie von einem Ort zum andern zu machen hatten und nicht nach horizontal bestimmten Entfernungen.

Nun wird man mir nicht in Abrede ziehen, daß die Zurücklegung des Wegs von Aalen nach Bopfingen auf der beschriebenen Straßenlinie, die hohe lang ansteigende Alb hinauf und diese auf der andern Seite hinunter weit mehr Schritte erheischt, als wenn der Weg eben ginge, und somit werden wohl die 18 Millien der Tafel auf den Schritt hin zutreffen.

Die Zeichnung der Tafel zeigt uns diesen beschwerlichen Uebergang über die Alp ganz vortrefflich, indem sie denselben mit dem größten und zugleich rechtwinkeligen Hacken andeutet, der auf der ganzen Treppenlinie der Tafel von Vindonissa bis Reginum vorkommt.

Der hochverdiente Archäolog, Staatsrath von Stichaner, der ebenfalls mit strenger Einhaltung der Maße auf einer wohl nachgewiesenen Römerstraße von Regensburg ausging, hat ebenfalls bei Bopfingen Opie nachgewiesen, was ein weiterer Beweis für die richtige Bestimmung der von mir angegebenen Stationen bis Bopfingen liefert.

Ehe ich die Bestimmungen von Stichaner, denen ich durchgängig beipflichte, näher bespreche, habe ich noch zu bemerken, daß die römische Heerstraße von Bopfingen gegen den Limes führte und einen Bogen correspondirend mit dem ebenfalls gegen Norden ausbiegenden Limes beschreibt.

Die Straße umgeht die Rießebene und zieht sich über das dieselbe umgebende bergige Terrain, was in strategischer Beziehung von großer Wichtigkeit war, denn wir müssen die Hauptheerstraße als militärische Operationslinie betrachten und eine solche durfte nicht durch die weite Rießebene, wo man ihr von allen Seiten auf die leichteste Weise hätte beikommen können, geführt werden. Vielmehr waren die Römer hier an die Höhenzüge, welche das Ries gegen den Grenzwall hin umgeben, strenge gewiesen; die Straßenlinie war hier gleichsam eine zweite Grenzstraße, die sich in einer Entfernung von 1—3 Meilen, je nach den Terrainverhältnissen, im Rücken der eigentlichen Grenzlinie hinzog und zugleich die fruchtbare, den Römern wohl bekannte Riesebene gegen das nördlich außerhalb des Limes gelegene feindliche Land schützte.

Nach dieser nothwendigen Vorausschickung gehe ich nun zu den Bestimmungen der Stationen des Straatsraths von Stichaner über, der von Regensburg auf einer sicheren Römerstraße ausging und nach den auf der Tafel angegebenen Entfernungszahlen mit Millien weiter rechnete.

Die Tafel zeigt von Reginum nach Arusena, oder wie man annimmt Abusena XXII; 22 Millien reichen genau von Regensburg bis Abendsberg an die Donau, wo Abusena angesetzt wird. Hier übersetzt die Straße die Donau, was auch in der Zeichnung durch die starke Stufe angedeutet ist.

Von Abusena bis Celeuso enthält die Tafel die geringe Entfernung von 3 Millien, welche gerade bis zu einer römischen Niederlassung zwischen Pföring und Ettling an der Kels ausreichen, wo auch die Namensähnlichkeit Kels mit Celeuso zustimmt; hier setzt v. Stichaner Celeuso an.

Von Celeuso nach Germanico zeigt die Tafel 9 Millien, welche bis Kösching, einem unläugbaren Römerorte, genau zutreffen.

Von Kösching, stets die Römerstraße einhaltend, bis Nassenfels, wohin die 12 Millien der Tafel von Germanico bis Vetonianis richtig abgelaufen sind und Monumente den ehemaligen Römerort begründen. Hieher bestimmt v. Stichaner mit allem Recht Vetonianis.

Von Vetonianis bis Biricianis enthält die Tafel die Entfernungszahl XVIII; mit 18 Millien gelangt man von Kösching nach dem durch eine römische Wegsäule markirten Burgmarshofen, wo Biricianis angesetzt wird.

Nach der Tafel ist die nächste Station nach Biricianis Iciniaco mit einer Entfernung von 7 Millien, welche ganz genau von Burgmarshofen nach Itzing, wo ausgedehnte Reste einer römischen Niederlassung aufgedeckt wurden, reichen. Das Zutreffen des Maßes auf eine römische Niederlassung und besonders die sprechende Namensähnlichkeit, werden wohl außer Zweifel setzen, daß v. Stichaner bis hieher ganz genau zu Werke ging und hier einen Punkt aufgefunden hat, der einen weiteren sicheren Anhaltspunkt und zugleich eine vortreffliche Controle für v. Stichaners Verfahren liefert.

Von Itzing an führt nun die Hauptmilitärstraße nordwärts und beschreibt einen Bogen um die Riesebene; auf ihr rechnet v. Stichaner fort bis zur nächsten Station Medianis, welche nach der Tafel 8 Millien von Iciniacum entfernt liegt; dieses Maß ist in Markthof bei Herolbingen abgelaufen, wo römische Alterthümer, worunter ein Römerstein mit Götterfiguren, einen abgegangenen Römerort bekunden; hier wird daher Medianis angesetzt.

Von **Medianis** bis **Losodica** zeigt die Tafel 11 Millien, welche genau bis Oettingen stimmen, wo Losodica bestimmt wird.

Von Oettingen reichen genau die 7 Millien, welche die Tafel von Losodica bis Septemiaci enthält, bis Maihingen (ohne Zweifel Miaci), das römische Ueberreste, namentlich eine römische Steinschrift, aufzuweisen hat. Von Maihingen stimmen nun die 7 Millien der Tafel von Septemiaci nach Opio genau nach Bopfingen, wo v. Stichaner Opie feststellte und ich mit demselben von der entgegengesetzten Richtung her zusammentreffe. Wohl ein schlagender Beweis, daß wir beide den richtigen Weg eingeschlagen und richtig gerechnet haben.

Schade, daß der verdienstvolle v. Stichaner dieses herrliche Zusammentreffen unserer langen, langen Forschungen nicht erleben durfte; es würde ihm große Freude und Beruhigung gewährt haben. — Diese Freude hat er nicht erlebt, aber sein Verdienst wird ihn lange überleben.

Das pünktliche Eintreffen der Maße auf entschieden römische Wohnplätze an einer sicher aufgesuchten römischen Consularstraße, sowie das Uebereinstimmen der Zeichnung der Tafel mit den wirklichen Terrainverhältnissen, all diese mathematisch richtigen Beweise sollten endlich jeden Zweifel über den auf der Peutinger Tafel so lange mit Unrecht als ganz unrichtig verschrieenen Straßenzug von **Vindonissa** nach **Reginum** für immer lösen, um so mehr, als außer den angeführten Umständen das Eintreffen des Maßes auf dieser Straßenlinie mit Römerorten zusammen fällt, die man wegen der entschiedenen Namensähnlichkeiten oder anderen Momenten als ganz sicher anzunehmen genöthigt ist; ich meine: Vindonissa (Windisch), **Arae flaviae** bei Unter-Islingen mit seinen ganz ähnlichen, dem Punkt der ehemaligen Römerstadt zukommenden Flurnamen „Hinter- und Vorder-Alt-Ara", **Samulocennis**, dessen Name in Rottenburg mehrfach aufgefunden wurde und das überhaupt nicht mehr in Zweifel gezogen werden kann, **Ad lunam** (Pfahlbronn), unfern der Lein, mit seinem nach Pomone bei Laningen zutreffenden Straßenarm, Opie bei dem namensähnlichen Bopfingen, Septemiaci bei Maihingen, Iciniacum bei dem unumstößlichen Jking, Celeusum an der Kels, Abusina bei Abensberg und endlich Reginum bei Regensburg.

Wem derartige Beweise nicht genügen, dem ist nicht zu helfen und den müssen wir auf den alten Hoffnungsstern unserer Archäologen vertrösten, daß an irgend einem an der Hauptstraße gelegenen Römerort, eine Denkschrift aufgefunden werden möchte, die Aufschluß über den Namen des Orts geben würde.

Allein hieburch wäre alsdann nur Ein Punkt wieder festgestellt und die Herren Zweifler würden über die weiteren immer noch im Unklaren bleiben; denn gesetzt, man fände in Canstatt eine römische Inschrift, welche diesen

Punkt als **Clarenna** bekunden würde, so wäre hiemit nur dieser Römerort erwiesen, während man über die anderen, besonders ohne Verständniß der Tafel, noch lang hin und her streiten könnte. Dagegen, wenn wir der Tafel folgen und nach der auf ihr angegebenen Maße die Römerorte an einer römischen Militärstraße im Einklang mit allen übrigen Umständen ansetzen, dann wird durch das Zutreffen aller Momente nicht nur Ein Punkt, sondern auch der vorhergehende, wie auch der nachfolgende hiedurch controlirt und so fortlaufend bis endlich alle Punkte auf der ganzen Straßenlinie als richtig sich herausgestellt haben.

Noch habe ich über die Führung der großen Militärstraßen der Römer hier kurz anzufügen, was ich in meiner Abhandlung über die Römerstraßen ausführlicher mittheilte.

Die römischen Consularstraßen (größere Heerstraßen) wurden mit bewunderungswürdiger Terrainkenntniß, wo möglich auf dominirendem Terrain, auf Wasserscheiden, unter möglichster Vermeidung der Thalübergänge, geführt.

Nach diesen streng militärischen Rücksichten ist es natürlich, daß derartige Straßen des Terrains wegen öfters namhafte Umwege (Bögen) machen mußten; diese Bögen, wenn sie von Bedeutung waren, haben nun die Römer stets durch eine zweite Straße auf kürzestem, möglichst geradem Wege abgeschnitten und durch diese Straßensehne eine nähere Verbindung von einem Römerort zu dem anderen hergestellt.

Solche Straßen dienten dann nicht für die Bewegungen der Heere, sondern mehr kommerziellen Zwecken und für Boten, die auf die schnellste Weise, auf kürzestem Wege, hin- und hergeschickt wurden. Es sind dieß die sogenannt Rennwege, wie noch heut zu Tage viele dieser Straßen genannt werden.

An unserer Straße von Windisch bis Regensburg kommen derartige nähere Wege vor: von Rottweil nach Rottenburg, zwei von Eindelfingen nach Canstatt und einer von Bopfingen nach Jging.

Die Donaustraße aber müssen wir als die große Sehne betrachten, welche den weiten, gegen Norden gezogenen Bogen der Hauptheerstraße von Windisch bis Regensburg auf dem nächsten Weg abschneidet.

Ehe ich weiter gehe, soll noch eine übersichtliche Zusammenstellung der von mir an der Hauptmilitärstraße bestimmten Römerorte, verglichen mit den Maßen der Tafel und der Wirklichkeit gegeben werden, der ich die v. Stichaner bestimmten Orte anhänge.

35

Orte der Tafel.	Gegenwärtige Orte an der römischen Hauptstraße, wo sich Reste römischer Niederlassungen nachweisen lassen.	Entfernung nach der Tafel.	Wirkliche Entfernung nach Leugen oder Millien.	nach Reisestunden.	Differenz zwischen der Tafel und den wirklichen Entfernungen.
Von Vindonissa nach Tenedone	von Windisch nach Heidenschlößchen bei Seiel.	VIII.	8 Leugen	4	0
" Tenedone " Juliomago	" Heidenschlößchen b. Seiel. nach Hüfingen	XIV.	16 "	8	2 Leugen.
" Juliomago " Brigobanne	" Hüfingen nach Rottweil	XI.	11 "	5½	0
" Brigobanne " Aris flavis	" Rottw. nach der Altstadt b. Unter-Jflingen	XIV.	14 "	7	0
" Aris flavis " Samulocennis	" Unter-Jflingen nach Rottenburg	XIV.	14 "	7	0
" Samulocennis " Grinario	" Rottenburg nach Cindelfingen	XXII.	22 Mill.	7⅓	0
" Grinario " Clarenna	" Cindelfingen " Cannstatt	XII.	12 "	4	0
" Clarenna " Ad lunam	" Cannstatt " Pfahlbronn	XXII.	22 "	7⅓	0
" Ad lunam " Aquileia	" Pfahlbronn " Aalen	XX.	20 "	6⅔	0
" Aquileia " Opie	" Aalen " Bopfingen	XVIII.	18 "	6	Den Übergang über die Alp eingerechnet 0

Es folgen nun die weiteren Bestimmungen des Staatsraths v. Stichaner.

Von Opie nach Septemiaci	von Bopfingen nach Maihingen	VII.	7 Mill.	2⅓	0
" Septemiaci " Losodica	" Maihingen " Dettingen	VII.	7 "	2⅓	0
" Losodica " Medianis	" Dettingen " Marthof	XI.	11 "	3⅔	0
" Medianis " Iciniaco	" Marthof " Jging	VIII.	8 "	2⅔	0
" Iciniaco " Biricianis	" Jging " Burkmarshofen	VII.	7 "	2⅓	0
" Biricianis " Vetonianis	" Burkmarshofen " Nassenfels	XVIII.	18 "	6	0
" Vetonianis " Germanico	" Nassenfels " Kösching	XII.	12 "	4	0
" Germanico " Celeuso	" Kösching " der Keis b. Ettling	IX.	9 "	3	0
" Celeuso " Abusena	" Ettling " Abensberg	III.	3 "	1	0
" Abusena " Regino	" Abensberg " Regensburg	XXII.	22 "	7⅓	0

Ich gehe nun über zu dem auf der Peutinger Tafel gezeichneten Straßenzug von Ad fines nach Augusta Vindelicorum.

Auch auf diesem Wege ist die Tafel schon oft angegriffen und als unrichtig verschrieen worden, was mich bestimmt hierüber meine Ansicht nur ganz kurz mitzutheilen und die Tafel, von der ich ein großer Verehrer bin, etwas näher zu beleuchten und ihr die verdiente Anerkennung zu verschaffen.

Ich schlage den Weg von Ad fines nach Augusta Vindelicorum ein, streng genommen sollte ich umgekehrt zu Werke gehen und von der vindelicischen Hauptstadt ausgehen, allein da Ad fines eben so gut festgestellt ist wie Augusta Vindelicorum und von Ad fines aus die auf der Tafel folgenden nächsten Stationen ebenfalls unbestreitbar sind, so hielt ich es, schon wegen der Annahme des Maßes, ob Leugen oder Millien, für angemessener, meinen Weg auf folgende Weise einzuschlagen.

Ad fines ist bei Pfin in der Schweiz festgestellt, hiefür spricht schon der Name, der sich streng genommen beinahe unverändert erhalten hat; in dem gegenwärtigen Ortsnamen Pfin liegt entschieden das römische Fines, nämlich Fin, das aber in jener Gegend Pfin ausgesprochen wird, wie man daselbst Pfrau statt Frau, Pfüße statt Füße 2c. spricht.

Von Ad fines nach Arbor felix zeigt die Tafel XXI; da in der Bodenseegegend unbestreitbar nach Leugen gerechnet wurde, so nehme ich auch hier 21 Leugen an, die ganz genau bis Arbon am Bodensee zutreffen. Arbon ist längst als das römische Arbor felix anerkannt, wofür nicht nur der Name spricht, sondern auch die bis hieher und weiterhin zutreffende Leugenzahl, wie auch römische Ueberreste. Von Arbor felix nach Brigantio enthält die Tafel X; 10 Leugen reichen aufs genaueste von Arbon nach Bregenz, dem römischen Brigantium.

Bei einem derartigen Zutreffen nach den Maßen auf die anerkannten, unumstößlichen Römerorte, sollte man glauben, daß hier nie und nimmermehr der Tafel eine Unrichtigkeit zugeschrieben worden wäre. Dennoch geschah es und man brachte eine unverantwortliche Verwirrung in die Erklärung dieser Straßenlinie und in die an derselben angeschriebenen Stationen, indem man behauptete, die nächstfolgende Station Ad Renum sei verschrieben und gehöre, da man dieselbe für Rheineck hielt, zwischen Arbor felix und Brigantio hinein, wofür auch der zwischen beiden Orten angebrachte namenlose Hacken und das an den Rhein eingeschriebene Ad Renum spreche. Hiemit war die Sache abgethan und man untersuchte nicht weiter und beruhigte sich mit der Annahme, daß hier die Tafel durchaus unrichtig sei.

Hierauf behaupte ich gerade das Gegentheil, die Tafel ist hier so richtig als nur möglich.

Gesetzt, der Hacken zwischen Arbor felix und Brigantio bedeute eine

Station und zwar die bei **Ad Renum** (Rheineck), so wäre nach der Tafel die Entfernung von Arbon nach Rheineck 10 Leugen, in der Wirklichkeit beträgt sie aber nur 5½ Leugen; ferner müßte die Entfernung von Rheineck bis Bregenz 15 Leugen betragen, während schon 5 ausreichen.

Es wären demnach die Maße der Tafel entsetzlich unrichtig eingetragen und überdieß würden die noch übrigen Maße mit IX, XIII und XX, zusammen 52 Leugen, weit nicht ausreichen, um damit vollends nach Augusta Vindelicorum (Augsburg) zu gelangen; es würden hiezu gerade die 15 Leugen, welche mit Ad Renum verbraucht wurden, fehlen.

Hieburch ist schon klar erwiesen, daß man sich eine derartige Mißhandlung der Tafel nicht erlauben darf, wenn man nicht geradezu ihren ganzen Werth über Bord werfen will.

Meine Erklärung ist nach der von mir wieder aufgefundenen Theorie der Tafel folgende: Der Hacken zwischen Arbor felix (Arbon) und Brigantio (Bregenz) bedeutet den Rheinübergang, der hier überraschend genau etwas näher bei Arbon als bei Bregenz angebracht ist, gerade so, wie in der Wirklichkeit der Rhein zwischen beiden Orten in den Bodensee mündet.

Hätte der Zeichner, welcher die Gewässer in die Tafel eintrug, die Projection der Tafel richtig verstanden, so würde er den Rhein an den Hacken zwischen Arbor felix und Brigantio eingezeichnet haben, so aber ließ er sich von der Station Ad Renum irre führen und zeichnete daselbst in gutem Glauben die Sache ganz getroffen zu haben, den Rhein bei Ad Renum ein.

Wir haben hier ein schlagendes Beispiel, mit welcher Unkenntniß die Gewässereinzeichnung der Tafel behandelt ist, die sich überdieß nach dem ganzen Charakter der Tafel sogar mit genauer Kenntniß derselben und mit dem besten Willen nie hätte richtig ausführen lassen, und daher nie als Anhaltspunkt angenommen werden darf.

Die Vermuthung, daß die Einzeichnung der Gewässer und der Gebirgszüge in die abgetreppte Straßenprofilkarte nicht von dem ursprünglichen Verfertiger der Tafel, sondern von einem anderen, mit der ersten Anlage der Straßenkarte nicht mehr vertrauten Zeichner eingetragen wurde, gewinnt mir immer mehr an Wahrscheinlichkeit.

Man wird mir nun den Einwurf machen, wo denn das Ad Renum, das, wie angenommen wird, unfehlbar am Rhein zu suchen sei, angebracht werden könne. Ich ersuche meine verehrten Leser sich nur ein wenig zu gedulden.

Von Brigantio bis Ad Renum zeigt die Tafel IX; auf der Römerstraße fortgerechnet bringen mich 9 Leugen genau nach Wangen.

Wangen hat einen beträchtlichen Straßenstern aufzuweisen; von hier führte eine Römerstraße über das an römischen Alterthümern reiche Jsny nach Kempten (Campodunum), eine weitere über Neu-Ravensburg nach Lindau, eine dritte nach Bregenz, eine vierte über Leutkirch an die Iller und endlich noch eine gegen Herſatz, wo ſie über die Argen ſetzte, was vermuthlich zu der Entſtehung des Ortsnamens, den man von „Heerfahrt" ableiten könnte, Veranlaſſung gab.

Schon der bei Wangen ſich entwickelnde namhafte Straßenknoten bekundet, daß hier ein Römerort von Bedeutung war; überdieß ſprechen hiefür Münzfunde, ferner die uralten Verſchanzungen auf dem ſog. Buch, einem Hügel mit ausgebreiteter Ausſicht zunächſt Wangen und endlich ein künſtlich aufgeworfener, ſehr beträchtlicher Wachhügel, welcher rechts der von Wangen nach Herſatz führenden Straße liegt.

Die Niederlaſſung ſelbſt kann wohl nirgends anders als auf der Stelle der alten ehemaligen Reichsſtadt gelegen ſein, daher ihre Spuren längſt überbaut und verſchwunden ſind.

Hier in Wangen ſetze ich ohne Bedenken Ad Renum an; „aber Wangen liegt nicht an dem Rhein?" wird man mir entgegen halten, allerdings nicht, ſie iſt keine Station an dem Rhein, ſondern richtig überſetzt, die Station „zu dem Rhein"; ſie iſt von Augusta Vindelicorum (Augsburg) aus gerechnet die erſte Station, welche im Rheingebiet liegt und von der man zunächſt an den Rhein (Bodenſee) gelangt, daher die Station „zu dem Rhein" genannt wurde.

Von Ad Renum nach Vemania zeigt die Tafel XV; mit ſo viel Leugen gelange ich ganz genau von Wangen nach Ferthoſen an der Iller, und zwar mit Einhaltung der Römerſtraße, die von Wangen nach Leutkirch den gleichen Zug hatte, wie die gegenwärtige, auf den alten Römerweg gegründete Landſtraße; von Leutkirch zog ſie ſich auf die Anhöhe an Ottmannshofen vorüber und auf dem dominirenden Terrain fort bis nach Ferthoſen, wo ſie über die Iller führte.

Bei Ferthoſen finden ſich Ueberreſte eines römiſchen Wohnplatzes und überdieß führen auf dieſen Punkt, außer der ſchon angeführten Hauptrömerſtraße, noch ein Römerweg von Kellmünz (Coelius Mons) herauf und ein weiterer von Unter-Kirchberg, der auf der Waſſerſcheide zwiſchen der Iller und der Weihung, weiterhin der Roth hinlief und ebenfalls nach Ferthoſen zog.

Auch in der Nähe von Ferthoſen, unterhalb Aichſtetten, beſtehen namhafte Ueberreſte von römiſchen Verſchanzungen und wurden daſelbſt viele römiſche Münzen ꝛc. aufgefunden.

Bei Ferthoſen ſetze ich Vemania an.

Von hier an zieht die römiſche Hauptſtraße in das Königreich Bayern, wohin ſich meine Unterſuchungen nicht erſtreckten und ich deßhalb den genauen Zug der Straße, wie auch die an ihr gelegenen Römerorte, nicht mehr mit der Sicherheit angeben kann, wie in meinem Vaterlande Württemberg.

Bevor ich weiter gehe, soll noch ein Rückblick auf die Zeichnung der der Tafel von Ad fines bis Vemania geworfen werden; sie zeigt auf dieser Linie nur kleine Treppen (Hacken), was mit den Terrainverhältnissen der der Gegend, welche die auf der Tafel gezeichnete Straßenlinie zu passiren hatte, genau übereinstimmt, denn die Straße führt hier theils an den ebenen Ufern des Bodensees hin, theils durch das oberschwäbische Flachland und hat nirgends Terrainschwierigkeiten zu überschreiten. Die einzige Schwierigkeit, die Ueberschreitung des Rheins zwischen Arbon (Arbor felix) und Bregenz (Brigantium), ist auf der Tafel so auffallend genau mit einer besondern Stufe (Hacken) angedeutet.

Also auch die Zeichnung der Tafel stimmt mit meiner eingeschlagenen Richtung und überdieß treffen die Maße der Tafel auf einer römischen Hauptstraße fortgerechnet, genau auf römische Niederlassungen, von denen sich theilweise die ursprünglichen römischen Namen noch schlagend erhalten haben.

Ferner beweist meine richtige Rechnung das noch übrige Maß der Linie, nämlich von Vemania nach Viaca XXIII und von Viaca nach Augusta Vindelicorum XX, zusammen 43 Leugen, welche von Ferthofen (Vemania) bis Augsburg (Augusta Vindelicorum) genau zutreffen.

Die Zwischenstation Viaca weiß ich nicht genau zu bestimmen; vielleicht ist sie in Krumbach, das römische Alterthümer und einen römischen Straßenknoten aufzuweisen hat und wohin die 23 Leugen von Vemania bis Viaca zutreffen, zu suchen. Von hier an würden dann auch die noch übrigen 20 Leugen bis Augsburg genau zutreffen.

Wir sehen nun, daß auch auf der Linie von Ad fines bis Augusta Vindelicorum die Tafel richtig angelegt ist und daß man ihr auch hier großes Unrecht gethan hat. Hiebei muß ich aber wiederholen, daß ich trotz dieses herrlichen Zustimmens der Tafel bei Anwendung der beiden beschriebenen Linien, dennoch die Tafel von Fehlern nicht freisprechen will, dagegen wird sie sich nach vorhergegangener gründlicher Erforschung der Straßenlinien und der römischen Niederlassungen an vielen Stellen als genau erproben und mancher ihr aufgebürdeter Fehler fallen müssen.

Wenn man auf diese, allerdings mühsame Weise zu Werke ginge, dann ließ sich auch die Tafel an manchen fehlerhaften Punkten noch ergänzen und verbessern.

Eine übersichtliche Zusammenstellung der von mir an der Hauptmilitärstraße von Ad fines nach Augusta Vindelicorum bestimmten Römerorte in Vergleichung mit den Maßen der Tafel und den wirklichen Entfernungen ist folgende:

Orte der Tafel.	Gegenwärtige Orte an der römischen Hauptstraße, bei denen sich Reste römischer Niederlassungen nachweisen lassen.		Entfernung nach der Tafel.	Wirkliche Entfernung		Differenz zwischen den Maßen der Tafel und den wirklichen Entfernungen.
				nach Zeugen	nach Reisestunden.	
Von Ad fines nach Arbor felix	Von Pfin	nach Arbon	XXI.	21	10½	0
„ Arbor felix „ Brigantio	„ Arbon	„ Bregenz	X.	10	5	0
„ Brigantio „ Ad Renum	„ Bregenz	„ Wangen	IX.	9	4½	0
„ Ad Renum „ Vemania	„ Wangen	„ Ferthofen	XV.	15	7½	0
„ Vemania „ Viaca	„ Ferthofen	„ Krummbach (?)	XXIII.	23	11½	0
„ Viaca nach Augusta Vindelicorum	„ Krummbach	„ Augsburg	XX.	20	10	0

Ich lege die Feder nieder mit dem Wunsche, daß andere Forscher in der von mir angezeigten Weise fortbauen, und die Peutinger Tafel, dieses beinahe die ganze alte Welt umfassende Kartenwerk zu seiner vollen Geltung bringen möchten.